Im Strom der Zeit
Ausschnitte eines Lebens

Pascal E. Harm

Impressum

Etienne Weber
c/o COCENTER
Koppoldstraße 1
86551 Aichach

harm.pascal.e@t-online.de

Erstveröffentlichung: 2020
Neuveröffentlichung: 2023

Umschlaggestaltung: BoosterCompany

ISBN (Print): 9783754649077

Herstellung und Druck über tolino media GmbH & Co. KG,
Albrechtstr. 14, 80636 München. Printed in Germany.
Fragen zu Produktsicherheit an: gpsr@tolino.media.

Für meine Familie und Freunde

Inhalt

Eine Handvoll Worte zuvor

Wie wir uns kennen gelernt haben, vermag ich nicht mehr genau zu sagen; es muss wohl auf einer dieser Feierlichkeiten, die man im jungen Alter so häufig besucht, geschehen sein. Ich war damals etwa einundzwanzig, sie ein Jahr jünger. In dieser Zeit arbeiteten wir beide in Bonn. Ich, weil ich einer der wenigen Deutschen war, die fließend Englisch und Französisch sprachen; sie, weil man sie als angehende Juristin dorthin beordert hatte.

Unsere letzten, frisch zerbrochenen Beziehungen hatten uns frustriert zurückgelassen, weshalb wir unser Glück wie unsere Zerstreuung in der Arbeit suchten. Sie selbst war eine unabhängige Frau, von denen es damals leider nur sehr wenige gab. Beide kamen wir aus gutem Hause, was uns wahrscheinlich so manches in der Nachkriegszeit ermöglicht hatte, das den meisten anderen wohl vorenthalten geblieben war. Ohne dass wir es provoziert hätten, trafen wir uns stetig bei so mancher, flüchtiger Gelegenheit wieder, bis sie eines Tages gezwungen war, nach Kiel zurückzukehren. Kurz vor ihrer Abreise stießen wir dem Zufalle nach erneut aufeinander und sie eröffnete mir, dass sie die Stadt verlassen würde. Mit einer Mischung aus Freude für sie wie Trübsinn für mich, jedoch mit überwiegender Gleichgültigkeit nahm ich ihre Worte auf. Ich wusste nicht recht, was ich davon halten sollte, trifft man ja schließlich so einige Menschen, die einen nur für kurze Zeit durchs Leben begleiten. Aber dennoch hatten wir uns stets gut verstanden und mir fiel es, fällt es heute noch immer, schwer, Menschen, zu denen ich eine gewisse Verbindung besitze, aus meinem Leben ziehen zu lassen.

Es verstrichen so einige Monate, ohne dass ich groß an sie gedacht hätte, bis ich sie eines Tages unverhofft auf einer Konferenz in Bonn wieder traf.

Sie erzählte mir so einiges von ihrer neuen Arbeit und ich weiß noch, dass ich ihr gebannt lauschte, ohne auch nur daran zu denken, dass ich Monate später im Zug nach Kiel sitzen würde.

Drei Monate darauf trafen wir uns durch das Glück eines gemeinsamen Bekannten erneut und wir redeten wieder so einiges über unsere Arbeit; ich selbst war in der Zwischenzeit nach Koblenz zurückgekehrt. Ich kann mich nicht mehr daran erinnern, wie ich dann auf die Idee kam, sie in Kiel zu besuchen, aber nachdem ich die Frage einmal ausgesprochen hatte, willigte sie freudig ein, und so nahmen die Ereignisse ihren Lauf.

Erster Teil
1956-1962

Kapitel 1

1956

Ich saß im Zuge und betrachtete die vorbeiziehende Landschaft. Meine Gedanken ließ ich wild umherschweifen, beziehungsweise wanden sie sich vollends konzeptfrei mal hierhin, mal dorthin, ohne jegliches Zutun meinerseits. Immerzu musste ich an Anna denken und fragte mich, wie es eigentlich dazu gekommen war, dass die Ereignisse letztendlich diesen Verlauf genommen hatten. Normalerweise war ich ein sehr besonnener Mensch, der nicht zu solcherlei neigte. Wenn ich es recht überlegte – kam mir der Gedanke wieder, den ich über die Fahrt hinweg immerzu von Neuem aufnahm –, kannten wir uns kaum und waren stets nur durch die Verkettung äußerer Ereignisse aufeinandergetroffen; erneut ließ es mich in einem mulmigen Gefühl zurück. Aber nichtsdestotrotz freute ich mich auf das Wiedersehen mit ihr, sehnte gar den Moment, in dem ich diesen stickigen, beengenden Zug verlassen würde, herbei. Mir stahl sich so manches zerflossene Gespräch ins Gedächtnis zurück und ich musste insgeheim lächeln. Aber unter all diesen Gefühlen lag noch etwas Anderes: Unsicherheit und Angst. Ich vermochte nicht zu sagen, wovor ich mich genau fürchtete, doch es war da, dunkel und grollend, und wollte mich nicht so recht dauerhaft loslassen. In der Hoffnung letztendlich noch ein paar Stunden Schlaf zu finden, schloss ich die Augen und versuchte, meine Gedanken zum stetigen, nicht schönen, aber dennoch einlullenden Geräusch der ratternden Räder zu lenken.

*

Wir mussten den Bahnhof erreicht haben, denn einer meiner Sitznachbarn, denen ich zuvor nicht sonderlich viel Beachtung geschenkt hatte, rüttelte mich wach, um mir mitzuteilen, dass der Zug zum Halten gekommen war. Ich bedankte mich, blieb – entgegen meiner Gewohnheit hinauszustürmen – jedoch sitzen, um meine nun nach dem Schlaf erneut aufsteigenden Gedanken wenigstens ein wenig zu ordnen. Am liebsten hätte ich noch eine ganze Weile dagesessen und überlegt, wie es sein würde, wenn wir aufeinanderträfen, wie ich mich verhalten sollte, doch wusste ich, dass der Zug nicht ewig verweilen und meine Gedankenverkettung zu keinem Ende kommen würde.

Ich gab mir einen Ruck, trat aus meinem Abteil und schließlich in die frischere Luft hinaus. Als ich dem Zuge endlich entstieg, stand Anna bereits nach mir Ausschau haltend am Bahnsteig. Sie entdeckte mich sogleich, kam lächelnd auf mich zugeeilt und kurz vor mir zum Stehen. Für einen kurzweiligen Augenblick sahen wir uns lediglich an, bevor wir uns die Hände zur Begrüßung reichten.

„Ist alles glatt gelaufen?“, fragte Anna, während sie sich in Richtung Ausgang zu bewegen begann und ich neben ihr her schlenderte, meinen Koffer in der linken Hand tragend.

„Ja. Glücklicherweise habe ich sogar ein paar Stunden Schlaf gefunden, oder besser gesagt: Der Schlaf hat mich gefunden. Ich kann auf Reisen immer schlecht schlafen“, erklärte ich.

Sie lachte leise aufgrund meiner Bemerkung und ich lächelte.

In angenehmem Schweigen schritten wir eine Weile nebeneinander her.

Ich blickte zu ihr rüber. Anna war von durchschnittlicher Größe, trug ihr blondes Haar lang und der Mode nach. Ihre Stirn war hoch und ihre blauen Augen trugen häufig einen verschmitzten Ausdruck, der durch ihre vielen Sommersprossen auf Wangen und Nase verstärkt wurde. Letztere war ein wenig spitz, aber nicht auf die unangenehme Art, wie ich es von manch anderem Geleut kannte.

„Schön, dass du vorbeikommen konntest“, eröffnete Anna das Gespräch wieder.

„Es bot sich einfach an. Wir haben ja schließlich beide gerade frei“, erwiderte ich frei heraus und kam mir mit meiner Antwort ein wenig dümmlich vor, doch erwiderte sie nichts, was auf ein ihriges, ähnliches Empfinden hingedeutet hätte.

Allmählich fiel die angestaute Anspannung von mir ab.

Als wir den Bahnhof verließen, empfing uns eine ungewohnt frühherbstliche Schwüle. Anna führte mich ein wenig durch die Stadt und zeigte mir den großen Hafen, an dem zu meiner persönlichen Enttäuschung keines der großen Schiffe vor Anker lag. Später dann gingen wir an ihrer Arbeit vorbei und sie erzählte mir mit lebhafter Freude so manche Geschichte, wobei ich ihr die ganze Zeit über interessiert zuhörte. Ich musste zugeben, dass mir das Stadtbild im Allgemeinen nicht sonderlich zusagte und lediglich eine der wenigen Erfreulichkeiten der Verzehr der Sprotten darstellte, die ich zuvor noch nie gekostet hatte.

„Früher, vor dem Krieg, sah es hier überall deutlich schöner aus“, erklärte sie dann irgendwann traurig, und da Kiel keine Stadt nach unserem Geschmack war, verließen wir sie, den Bus nach Laboe nehmend, auch schnell wieder. Diese kleine Reise dauerte eine ganze Weile, doch nach einiger Zeit trafen wir dann endlich in ihrer Wohnung ein. Nicht überrascht stellte ich fest, dass ihr Wohnraum genauso beengt war wie mein ehemaliger in Bonn. Kurz flackerte erneut das Bedauern über den Verlust der Arbeit auf, doch schüttelte ich den Gedanken ab; dies war nicht der rechte Zeitpunkt dazu.

„Hier kannst du schlafen“, sprach Anna und zeigte zu einem kleinen Bette hin, das nicht unweit vom ihrigen stand.

Ich bedankte mich und legte meinen Koffer ab.

„Es ist alles ein wenig eng hier, aber ich kann mir derzeit nichts Besseres leisten. Andererseits frage ich mich auch, wofür ich mehr Platz brauchen sollte …“

„Und weshalb wohnst du nicht näher an Kiel?“, wagte ich zu fragen, obwohl ich die Antwort bereits zu kennen meinte.

„Zu teuer. Außerdem ist Laboe viel schöner und ruhiger.

Der einzige Nachteil ist nur, dass ich immer pendeln muss. Aber mein Nachbar nimmt mich häufig in seinem Automobil mit“, erklärte Anna sachlich, während sie in die Küche ging. „Ich habe Kuchen gebacken.“

Kurz darauf quetschte ich mich auf ein Bänkchen in ihrem Wohnzimmer neben sie. Wir saßen so eng nebeneinander, dass sich unsere Körper unweigerlich aneinanderpressten, und ich wusste nicht so recht, was ich davon halten sollte. Für einen kurzen Moment fragte ich mich sogar, ob Anna diese *Sitzpartie* mit Absicht so eingefädelt hatte, doch verwarf ich diesen Gedanken sogleich wieder. Das Mahl war schnell beendet, hatten unser beider Mägen doch geknurrt, was ich zumindest in meinem Fall auf die Reise zurückzuführen wusste.

„Deine Familie kommt aus einem Dorf in der Nähe?“, fragte ich.

„Noch ein Stück weiter Richtung Süden, aus einem Stadtteil Laboes“, erklärte Anna. „Die Arbeit hat mich dann hierhin verschlagen. Und ich hätte auch keine Lust gehabt, weiterhin zuhause zu wohnen.“ Sie lächelte. Ich musste anscheinend ein wenig irritiert geblickt haben, denn sie kicherte leise und ergänzte: „Bei meiner Schwester war es auch nicht anders und für meine Eltern ist es in Ordnung.“

Ich nickte bewundernd und überlegte zugleich, wie viele Menschen, gerade Frauen, ich kannte, die eine ähnliche Geschichte hatten. Unwillkürlich musste ich auch daran denken, dass ich ja nun selbst wieder bei meinen Eltern in Koblenz wohnte.

Annas Hand auf meiner Schulter riss mich wieder aus meinen flüchtigen Überlegungen. „Ich würde einmal gerne kurz aufstehen.“

Ich erhob mich und sie verschwand im Bad. Während ihrer Abwesenheit räumte ich ab und spülte das Geschirr. Ich wollte mich irgendwie nützlich machen.

„Lass uns noch die letzten Sonnenstrahlen genießen, um am

Meer entlang zu spazieren", tönte ihre Stimme hinter mir.

Ich erschrak, hatte ich sie doch nicht kommen gehört und drehte mich um: „Tut mir leid, ich bin immer sehr schreckhaft."

Sie lächelte und brachte mich damit zum Grinsen. „Aber ja, lass uns zum Strand gehen. Ich habe gar nicht bemerkt, dass es schon so spät ist."

Wir verließen die Küche, um uns etwas Wärmeres anzuziehen.

„Du solltest auch deinen Hals bedecken. Der Wind ist ganz schön zugig und kälter, als man denkt", sprach Anna, während sie ihren Mantel anlegte und einen Schal um ihren Hals wand.

„Danke für den Ratschlag", antwortete ich sarkastisch, wobei ich lächelte, um zu zeigen, dass ich es nicht böse meinte. Anna grinste lediglich.

Ein paar Minuten später traten wir nach draußen. Zum Glück war der Weg zur Uferpromenade nicht sonderlich weit und so pfiff uns nach nur wirklich kurzer Zeit bereits der Wind um die Ohren. Langsam schlenderten wir dahin, betrachteten das Meer, genauso wie die Leute, denen wir begegneten. Nach einer Weile ließen wir uns auf einem Mäuerchen nieder, um gemeinsam den Sonnenuntergang zu bestaunen. Unser angeregtes Gespräch, das sich bereits während des Spazierganges entsponnen hatte, führten wir fort, redeten dabei über dieses und jenes, wie über Gott und die Welt. Ich genoss die Unterhaltung, fühlte sie sich doch frei und ehrlich an. Anna war ein sehr offener Mensch, der sich stets für die Geschichten anderer zu interessieren schien, ohne dabei aufdringlich oder oberflächlich zu sein. Es fühlte sich gut an und ich weiß nicht, weshalb ich so viel von mir selbst erzählte; etwas, wozu ich sonst nur unter guten Freunden oder der eigenen Familie neigte. Nach und nach wandten wir uns immer ernsteren Themen des Lebens zu. Ich erzählte ihr, dass ich hoffte, bald schon wieder eine Arbeit in Bonn zu finden, auch wenn das bedeuten würde, dass ich mich erneut in eine gewisse Einsamkeit stürzen würde. Ich besaß nicht sonderlich viele Bekanntschaften in dieser Stadt, und die wenigsten von ihnen hätte ich als meine Freunde bezeichnet.

„Vielleicht brauchst du einfach eine Freundin", erwiderte Anna grinsend, während sich ihr Blick auf das Meer gerichtet hielt.

„Ich weiß nicht …"

„Aber hättest du denn nicht gerne eine Freundin?", erwiderte sie.

„Schon. Aber derzeit bin ich zu beschäftigt mit mir selbst. Davor war es die Arbeit und wenn ich wieder nach Bonn gehen sollte, wird es nicht anders sein. Ich denke, aktuell gibt es einfach keinen Platz dafür in meinem Leben … Es gäbe auch niemanden", entgegnete ich nach einigen Überlegungen.

„Und was wäre, wenn du dich verlieben würdest?"

„Das wäre etwas Anderes. Dagegen kann ich ja nichts machen."

Anna begann zu lachen, nicht höhnisch, sondern herzlich, obwohl ich im ersten Moment nicht verstand, weshalb.

„Das klingt schon ein wenig widersprüchlich", prustete sie laut, aber lächelte mich dabei an, wie um mir zu zeigen, dass sie es nicht im Bösen meinte.

Ich setzte zu einer Erklärung an: „Meine letzte Beziehung ist nicht sonderlich glücklich ausgegangen, wodurch mir erst einmal die Lust auf weitere vergangen ist. Die Folge war, dass ich wie wild gearbeitet und mir kaum Ruhe gegönnt habe. Und das hat sich bisher auch nicht wirklich geändert."

„Nicht wirklich?", wiederholte sie einen Teil meiner letzten Worte und sah mich fragend an.

„Der Unterschied ist, dass ich aktuell nicht so hart arbeite, weil ich meine Arbeit in Bonn verloren habe. Aber wenn alles gut geht, bin ich in eineinhalb Monaten wieder dort."

Anna grinste wissend.

„Würdest du derzeit eine Beziehung eingehen wollen?",

platzte ich heraus, wusste ich doch, dass es ihr ähnlich wie mir ergangen war. Annas Blick verlor sich lediglich in den Weiten des Meeres. Die Gedanken, wie sie meine Worte interpretieren mochte, stachen in meinem Kopf und ich überlegte, weshalb ich dies überhaupt gesagt hatte, was der eigentliche Sinn und Zweck davon gewesen war.

„Ich würde dieselbe Antwort geben wie du. Mein letzter Freund hat mich für eine andere verlassen. Daraufhin habe ich mich auch in jedmögliche Beschäftigung gestürzt; das ist heute immer noch nicht anders.

Aber wenn es geschieht …“, erklärte sie knapp.

Langsam versank das letzte bisschen Sonne am Horizont. Wir saßen vom Mäuerchen ab und machten uns auf den Rückweg, indem wir barfuß am Strand entlang zogen. Der Sand grub sich angenehm zwischen die Zehen und das Wasser war wärmer, als ich erwartet hatte. Nachdem wir schließlich die letzten Meter einen Wettlauf veranstaltet hatten, kamen wir vollkommen außer Atem wieder an der Uferpromenade an.

„Das nächste Mal gewinne ich“, stieß Anna hervor und blickte mich dabei herausfordernd an.

„Ich warte auf deine Herausforderung“, erwiderte ich trocken und sie grinste. Wir zogen unsere Schuhe wieder an, die trotz aller Vorsicht mit Sand durchzogen waren, und betraten die Promenade. Langsam schlenderten wir zurück durch die Dunkelheit in Richtung Annas Wohnung.

*

Die folgenden Tage vergingen wie im Fluge. Wir spazierten viel und Anna führte mich durch die Stadt, zeigte mir eine Vielzahl ihrer vertrauten und lieb gewonnenen Plätze. Einen besonders sonnigen Tag nutzten wir sogar, um ein paar wenige Stunden in der kalten See schwimmen zu gehen. Ansonsten redeten wir viel und sprachen über alles und jeden, abgesehen vom Krieg. Anna erzählte mir einige Anekdoten aus ihrer Kindheit und im Gegenzug sprach ich über die meinige in Koblenz.

Wir verstanden uns wirklich gut und es freute mich, wann immer ich sie zum Lachen bringen konnte. An manchen Tagen schien es mir fast schon so, als ob unsere Unterhaltungen niemals enden würden. Aber das Ende kam dann schließlich doch – mit meiner Abreise nach sechs Tagen.

*

Erneut standen wir uns am Bahnhof in Kiel gegenüber. Wir schwiegen. Ich selbst wusste nicht so recht, was ich sagen sollte, und meine Gedanken wirbelten unkontrolliert umher, ließen die vergangenen Tage Revue passieren, als ob mich dies zu irgendwelchen gescheiten Worten führen würde. Als ich hierhergekommen war, hatten wir uns eigentlich kaum gekannt und nun war es mir so, als ob ich eine zwar frisch gewonnene, aber dennoch vertraute, gute Freundin zurücklassen würde. Ich fragte mich, ob Anna es genauso empfand, aber verschob diesen Gedanken auf später, weil er mir in meinem jetzigen Dilemma ebenso wenig weiterhalf.

Schließlich tat sie den ersten Schritt: „Nun ist es an der Zeit, sich zu verabschieden.“ Es trat eine kurze Pause ein, bevor sie ein wenig hastig weitersprach: „Es war schön, dass du da warst. Mir haben die Tage wirklich viel Spaß gemacht.“

„Sehe ich genauso“, erwiderte ich lediglich und schob ein Lächeln nach; Anna lächelte zurück.

Es kam mir alles irgendwie komisch vor.

„Auf Wiedersehen, Anna. Und danke für die viele Mühe und einfach alles.“ Ich schlang die Arme um sie und sie erwiderte die Umarmung.

„Auf Wiedersehen, Hermann“, sprach sie, dann lösten wir uns auch wieder.

Kurz blickten wir uns an und ich überlegte, ob es noch etwas gab, das ich sagen wollte oder sollte.

Mir fiel nichts ein und ich verabschiedete mich erneut, um

als nächstes in den wartenden Zug zu steigen. Ich setzte mich ans Fenster mit Sicht zum Bahnsteig. Anna stand da und winkte mir freundlich zu. Ich gab den Gruß zurück und grinste, hoffte dabei, dass es nicht unnatürlich wirkte und falls doch, ihr der Unterschied nicht auffiel. Unsere Blicke trafen sich und ich fragte mich, was sie gerade wohl denken mochte. Ich selbst insgeheim hoffte, dass die Fahrt bald beginnen und damit dieser beklemmende Moment des Wartens vergehen würde.

Als ob jemand meine Gedanken lesen konnte, stieß im nächsten Augenblick schon die Lok ihr markantes Pfeifen aus und wenige Sekunden später setzte sich das Gefährt schwerfällig, aber stetig in Bewegung; ein flaues Gefühl bemächtigte sich meiner. Anna ging noch ein Stückchen winkend und lächelnd nebendran her, bevor der Zug zu schnell wurde und sie zurückfiel.

Ein wenig entspannt, aber verwirrt ließ ich mich in meinen Sitz sinken und begann, meine Gedanken zu entwirren und zu ordnen.

Kapitel 2

1956

Ich vermochte es noch immer nicht recht einzuordnen, und Annas Gesicht flackerte ständig vor meinem geistigen Auge auf. Das Gefühl, das mich bei all dem begleitete, glich dem, das ich stets empfand, wenn ich einen mir teuren Menschen verlassen musste. Ich grübelte erneut, wie die vielen Stunden zuvor, die mir trotzdem keinerlei Aufschluss gegeben hatten. Plötzlich, einer Eingebung folgend, erhob ich mich, verließ das Abteil und begann, im begrenzten Raum umherzuwandern, da ich hoffte, dass mich die Bewegung auf andere, hilfreichere Gedanken bringen würde. Mehr noch als ich meine eigenen Gefühle einzuordnen suchte, versuchte ich, Annas Worte und Taten der vergangenen Tage zu deuten. Vielleicht, so meinte ich, würde es mir weiterhelfen, das alles, wie mich selbst, zu verstehen. Ich wanderte etwa dreißigminütig lang auf und nieder, ohne dass ich auch nur irgendwie Licht ins Dunkel gebracht hätte.

Irgendwann dann, vom Misserfolg niedergestreckt, kam ich wieder in mein Abteil zurück und ließ mich in meinen Sitz fallen. Mein Blick schweifte nach draußen und für einen kurzen Moment fragte ich mich, ob das, was ich empfand, einfach Liebe war.

Der Gedanke kam mir grotesk vor und ich verwarf ihn wieder. Es fühlte sich nicht richtig an, und jenes Gefühl war in meinem bisherigen Leben stets anders gewesen. Ich rief nochmal die guten Erinnerungen aus meiner letzten Beziehung hervor und verglich die Emotionen. Nein, es war anders. Aber dennoch blieb ein seltsamer, mir nicht erklärlicher Beigeschmack zurück.

Ich überlegte, Anna einen Brief zu schreiben, um mich erneut bei ihr für alles zu bedanken und sie vielleicht zu mir einzuladen; noch immer war ich mit der Verabschiedung auf dem Bahnsteig unzufrieden. Dennoch wusste ich nicht, ob ich es tun sollte, wollte ich sie nicht belästigen, aufdringlich oder auf sonstige Art unheimlich wirken.

Irgendwann dann überwand ich mich, zog ein Papier sowie einen Stift aus meinem Koffer hervor und begann zu schreiben. Als ich geendet hatte, steckte ich das Stück vorsichtig mit den Utensilien zusammen in den Koffer zurück.

Am nächsten Tag ging ich zur Post und gab den Brief auf.

*

Ich erhielt ihren Brief viele, viele Wochen nach dem Verschicken des meinigen. Hatte ich anfangs noch häufig an Anna gedacht, waren meine Gedanken, wie ausglühende Kohlen, nach und nach von ihr gewichen und hatten sich anderem zugewandt. Inzwischen hatte ich eine neue Anstellung in Bonn gefunden und arbeitete viel und hart, mehr noch als früher; aber ich war zufrieden. Eine Zeit lang hatte ich mir den Kopf zerbrochen, ob ich ihr keinen Brief hätte schicken sollen, dass es an der Formulierung lag, aber auch diese Gedanken waren irgendwann der Nüchternheit gewichen, und Anna hatte begonnen zu einer Erinnerung unter vielen zu verblassen.

Das änderte sich dann alles, als mir meine Mutter eines Tages, auf einem meiner nun raren Familienbesuchen, einen Brief in die Hand drückte. Ich weiß nicht, weshalb sie nichts sagte, aber ich glaube, dass sie dachte, dass es sich bei Anna um eine Arbeitskollegin handelte. Erzählt hatte ich nie von ihr, da ich wusste, dass meine Eltern uns sofort als Paar eingestuft hätten. Als sie mich fragten, weshalb ich so sichtlich erfreut war, log ich, dass das Stück von einer ehemaligen Geschäftspartnerin stamme und ich seit langem auf dieses gewartet hätte.

Den Brief öffnete ich erst zuhause in Bonn:

Lieber Hermann,

vielen lieben Dank für deinen Brief. Ich fand die Tage mit Dir sehr schön und habe mich auch wirklich über Deine Einladung gefreut. Derzeit bin ich jedoch vollauf mit meiner Arbeit beschäftigt und so wird es auch bis ins neue Jahr hinein weitergehen. Deshalb kann ich überhaupt noch nichts sagen. Vielleicht habe ich irgendwann von März bis Juni Zeit, aber ich kann wirklich nichts versprechen. Ich würde Dir dann nochmals schreiben.
Bis dahin wünsche ich dir schon einmal frohe Weihnachten und einen guten Rutsch.

Liebe Grüße
Anna

Erleichtert ließ ich mich in einen Sessel niedersinken, hatte ich mir doch gefühlt jede mögliche Antwort ausgemalt. Überhaupt war ich froh, dass mich ihr Brief erreicht hatte, denn nach meinem Umzug hatte ich befürchtet, dass der Brief zwar an meine alte Adresse gehen würde, meine Eltern ihn aber für unwichtig halten und deshalb vernichten würden.

Ein Gefühl von Freude durchströmte mich. Ja, ich wollte mich gerne mit ihr erneut treffen.

Ich fand die Tage mit dir sehr schön, hallten mir ihre Worte durch den Kopf und ich fragte mich, was ich daraus machen sollte. Da sich mir keine gescheite Eingebung auftun wollte, erhob ich mich, schritt zu meinem Schreibtisch und zog Papier und Stift hervor; eine Antwort konnte ich wenigstens verfassen, und es ging mir in Windeseile von den Händen. Nebst der Bestätigung ihres Vorschlages erzählte ich Anna davon, dass ich umgezogen war und wie es ansonsten um mich bestellt war; meine neue Adresse teilte ich ihr ebenso mit. Des Weiteren wünschte ich ihr viel Glück sowie Ausdauer in der kommenden Zeit.

Am nächsten Tag nach der Arbeit stattete ich der Post meinen Besuch ab.

Kapitel 3

1957

„Der Brief war wirklich lang und bis heute habe ich keine Antwort erhalten. Ich weiß nicht einmal, ob sie mich besuchen kommen wird, oder dies überhaupt möchte“, klagte ich.

Adolf, mein bester Freund, den ich stets aufs Neue für seinen Namen bedauerte, saß mit mir in einem kleinen Café, unweit des Hauptcampus‘ der Universität. Er war die erste Person, der ich von all dem erzählte.

„Aber sie hat dir geschrieben, dass sie dich besuchen kommen möchte?“, fragte Adolf mit seiner tiefen Stimme.

Ich nickte. „Aber vielleicht hat sie das nur gesagt, damit ich sie in Ruhe lasse. Ich weiß einfach nicht, was ich denken soll. Ihre Signale widersprechen sich einfach.“

Adolf blickte mich fragend an.

„Sie hat mir geschrieben, dass sie, ich zitiere, die Tage mit *mir* sehr schön fand. Für mich klingt das so, als ob ihre Gefühle über ein normales Maß hinausgehen“, erklärte ich; zu letzterem war ich in den vergangenen Monaten, in denen ich mir leider allzu häufig den Kopf zerbrochen hatte, gekommen.

„Dann schreibt sie mir noch, dass sie mich gerne besuchen kommen würde, und das war’s. Seit Monaten keine Antwort. Ich verstehe es einfach nicht.“

Adolf, der mir wie stets aufmerksam zugehört hatte, zog die Stirn in Falten.

„Vielleicht musst du einfach noch etwas warten. Wir haben erst Februar. Es kann sogar sein, dass sie ihren Brief schon abgeschickt hat.“

„Aber was ist, wenn sie mir gar nicht geantwortet hat, weil sie sich bedrängt gefühlt hat …“, hielt ich dagegen.

Adolfs Augen sahen mich forschend an, bevor er sagte: „Du liebst sie. Nicht wahr?“

„Nein, tue ich nicht“, antworte ich empört darüber, dass er, nur weil ich ein emotionales Problem mit einer Frau hatte, direkt anzunehmen schien, dass ich in diese verliebt war.

„Weshalb glaubst du das überhaupt“, fragte ich und versuchte, meine Enttäuschung zu verbergen.

„Du hast mir erzählt, dass du sie magst, und hast sie zu dir eingeladen. Außerdem wirkst du schlichtweg sehr enttäuscht, weil du bisher keine Antwort von ihr erhalten hast“, führte Adolf aus.

„Du wärest auch enttäuscht, wenn dir jemand, den du für einen Freund hälst, oder zu dem du gerne eine Freundschaft aufbauen würdest, nicht antworten würde“, erwiderte ich. Allmählich begann ich mich zu fragen, weshalb ich Adolf das alles erzählt hatte. „Ich verstehe mich einfach gut mit ihr. Und deshalb möchte ich es nicht einfach im Sande verlaufen lassen.“

Darauf sagte er erst einmal nichts mehr, und wie es mir schien, hatte er meine Verbitterung über seine eigenen Aussagen bemerkt.

„Ich werde weggehen“, erklärte ich, um das Gespräch in andere, sichere Bahnen zu lenken; ich glaubte auch nicht, noch irgendeine sinnbringende, hilfreiche Antwort von ihm zu erhalten.

Adolf schaute verdutzt auf. „Du arbeitest doch gerade mal ein paar Monate wieder in Bonn.“

„Es ist von meiner derzeitigen Arbeit, und ich glaube es stellt eine gute Möglichkeit für mich dar. Mein Chef möchte einige seiner Mitarbeiter ins Ausland schicken und hat mich gefragt, ob ich nach Italien gehen möchte. Ich habe zugesagt“, erklärte ich.

„Aber du kannst doch kein Italienisch!“, warf Adolf ein und schüttelte den Kopf, wie als ob ich ein Kind wäre, dass aus seiner Sicht eine weitere Dummheit beging.

„Deshalb werde ich ja auch erst Anfang übernächsten Jahres fortgehen“, fuhr ich fort. „Und bis dahin lerne ich fleißig Italienisch. Ich habe sogar schon angefangen.“

Vielleicht würden mich die zusätzliche Arbeit wie die Vereinnahmung, mich voll und ganz auf das Erlernen einer neuen Sprache zu konzentrieren, ja auch mehr von Anna ablenken. Langsam gewann ich den Eindruck, dass es das Beste war, wenn ich sie einfach in die Vergessenheit schieben würde, auch wenn es mir um die eventuell möglich gewesene Freundschaft leidtat.

„Herzlichen Glückwunsch, Hermann“, sprach Adolf und meinte es aufrichtig, wie ich wusste. „Italien ist ein wirklich schönes Land. Für wie lange wirst du dort sein?“

„Weiß ich noch nicht“, antwortete ich und musste zugeben, dass es mich auch nicht sonderlich interessierte.

„Und wohin genau wirst du gehen?“

„Florenz, wenn alles gut geht.“

*

Es geschah etwa fünf Wochen nach meinem Gespräch mit Adolf. Ich war gerade von meinem täglichen Italienischunterricht heimgekehrt, und fand Annas Brief auf meiner Türmatte liegend. Als ich las, von wem er stammte, wusste ich zuerst nicht recht, ob ich mich freuen sollte oder nicht, hatte ich doch in den Wochen zuvor gut daran getan, die Erinnerungen zu begraben.

Eine Zeit lang saß ich lediglich da, den Brief in der Hand, unbeweglich und nicht wissend, ob ich ihn öffnen oder einfach verbrennen wollte, gar sollte. In meinem Kopf stiegen allerhand Vorstellungen bezüglich des Inhalts herauf, und meine Meinung änderte sich vom einen auf den nächsten Moment.

Irgendwann dann, und wahrscheinlich hatte ich nicht einmal so viel Zeit verschwendet, wie es mir schien, hielt ich es nicht mehr aus und riss, von Neugier geplagt, den Umschlag auseinander. Hervor fiel ein kleines, aber dicht beschriebenes Blatt, welches ich sofort in die Hand nahm:

Lieber Hermann,

ich freue mich für Dich, dass Du eine neue Arbeit in Bonn gefunden hast und hoffe, dass Dir diese immer noch so viel Freude bereitet, wie Du mir geschrieben hast.
Tut mir leid, dass ich mich einige Zeit lang nicht gemeldet habe. Meine Arbeit hat mich vollkommen in Anspruch genommen, aber seit Ende Januar bin ich endlich eine gestandene Juristin.
Wenn es für Dich in Ordnung wäre, würde ich Dich gerne in der letzten Aprilwoche besuchen kommen. Alternativ wäre auch die erste Juniwoche möglich. Schreib mir dann einfach, wann und wo ich Dich treffen soll.
Ich warte auf Deine Antwort.

Liebe Grüße,
Anna

Ich ließ den Brief sinken und fragte mich irritiert, was ich eigentlich selbst wollte. Vor kurzem noch hatte ich sie irgendwo in den Tiefen meines Geistes begraben und nun freute ich mich darüber, eine Antwort erhalten zu haben, mehr noch, dass sie meinen Vorschlag nicht vergessen hatte und einen Besuch gerne wahrnehmen wollte. Aber wollte ich wirklich, dass Anna in mein Leben zurücktrat? Ich konnte mich nicht einmal entscheiden, ob ich ihr überhaupt antworten sollte, aber nachdem ich den Brief nun einmal gelesen hatte, zwang es mich nach einer gewissen Weile schlichtweg doch einfach dazu, ihr zurückzuschreiben.

Innerhalb kürzester Zeit hatte ich ein Schreiben, in dem ich ihre Anfrage für die erste Juniwoche bestätigte, aufgesetzt und zum Verschicken fertig gestellt. Zwei Tage darauf, nach mehrmaligen Überlegungen, überwand ich mich schließlich zur Post.

Kapitel 4

1958

Langsam schlenderte ich den Bahnsteig des Koblenzer Bahnhofs entlang, während ich in Gedanken an die bevorstehende Begegnung meine Umgebung kaum wahrnahm. Abgesehen von zwei weiteren Briefwechseln hatten wir nichts mehr voneinander vernommen, und wieder einmal fragte ich mich, was ich hier gerade tat.

Das Pfeifen des nahenden Zuges riss mich aus meinen Gedanken und Erleichterung, gepaart mit Furcht, machte sich in mir breit. Erleichterung, weil meine geistige Tortur bald enden würde, Furcht, weil ich der Situation nun vollends wehrlos ausgesetzt war.

Die Lok kam zum Stehen, und einen kurzen Moment später entstieg ihr Anna auf den Bahnsteig; sie musste mich zuvor bereits gesehen haben, denn sie schritt mir zielgerichtet, dabei lächelnd, entgegen.

„Ich hoffe, du musstest nicht allzu lange warten“, sprach sie und zog mich in eine kurzweilige Umarmung, die ich erwiderte.

„Bin gerade erst angekommen“, erklärte ich.

„Das nennt sich perfekte Planung.“ Sie grinste.

Wie von selbst setzten wir uns in Richtung Ausgang in Bewegung und Anna erzählte mir flüchtig von ihrer Reise.

„Wie schön, dass ich es mal nach Koblenz geschafft habe“, sprach sie, als wir nach draußen traten. „Ich bin gespannt darauf, ob die Stadt so ist, wie du sie mir beschrieben hast“, fügte sie mit einem Schmunzeln hinzu.

„Koblenz ist wunderbar“, erwiderte ich knapp und grinste, ein wenig verlegen, obwohl ich nicht wusste wieso.

Wir verluden ihren kleinen grünen Koffer in den Wagen, welchen ich mir von meinen Eltern geliehen hatte, und stiegen ein. Ich fuhr an und langsam schob sich das Fahrzeug durch den späten, zähen Verkehr. Wann immer wir an einem interessanten Ort vorbeikamen, erzählte ich eine kurze Anekdote, und es schien mir, dass sie interessiert zuhörte.

„Ich wünschte, ich könnte auch Auto fahren“, erklärte Anna dann nach einer Weile. „Bisher habe ich es einfach nicht gebraucht. Aber ich denke, dass ich in der Zukunft irgendwann einen Führerschein machen werde.“

„Ich selbst fahre kaum, weil ich normalerweise keinen Wagen benötige; ich besitze nicht mal einen“, antwortete ich. „Der hier gehört meinen Eltern“, fügte ich mit einem Nicken hinzu.

Ich weiß nicht weshalb, aber irgendwie, auf merkwürdige Weise, kamen mir unsere Unterhaltungen grotesk schleppend vor. Grübelnd fragte ich mich, ob sie es genauso empfand, während ich versuchte, mich normal zu verhalten.

„Vor einem Monat habe ich mit dem Geigespiel begonnen“, erklärte Anna, riss mich aus meinen Gedanken.

„Bis vor zwei Jahren habe ich auch Geige gespielt. Aber dann habe ich aufgehört, weil es mir keinen Spaß mehr bereitet hat“, antwortete ich, derweil ich vorzugeben suchte, dass ich vollends entspannt sei.

Nach einer gewissen Zeit erreichten wir das hutzelige Haus meiner Eltern, die glücklicherweise erst morgen erscheinen würden. Sie würden sowieso glauben, dass wir ein Paar waren, aber so würde ich Anna wenigstens nicht auf dem Präsentierteller vorstellen müssen.

Nachdem ich ihr alles gezeigt hatte, begannen wir mit dem Abendessen. Wir unterhielten uns noch einen kurzen Moment nach dem Mahle, als Anna schließlich erklärte, dass sie gerne zu Bett gehen würde.

„Ich räume alles weg. Leg du dich hin, du hattest eine lange Reise“, erwiderte ich, auch mit dem Hintergedanken daran, dass ich nebst meiner fehlenden Müdigkeit auch Zeit zum Nachdenken brauchte – am besten allein.

Nachdem sie im Schlafzimmer verschwunden war, begann ich aufzuräumen, wobei ich mir viel Zeit ließ. Anschließend setzte ich mich noch für eine Weile in den Sessel im Wohnzimmer nieder und ließ meine Gedanken weiterhin kreisen. Erneut fragte ich mich, ob ihr Besuch eine gute Idee gewesen war. Ursprünglich hatte ich mich darauf gefreut, ihr – quasi im Gegenzug – nun meine Heimat zeigen zu können. Im jetzigen Moment war ich mir da nicht mehr so sicher, aber ich wusste auch gar nicht, was ich denken sollte. Allmählich begann ich, den Tag ab dem Zeitpunkt ihrer Ankunft zu rekapitulieren.

Schließlich, nach einer sehr langen Weile, erkannte ich die Sinnlosigkeit meines Unterfangens und schlich mich in mein Bett. Doch als ich mich niedergelegt hatte, wollte mich der Schlaf trotzdem nicht finden. Ich richtete meinen Blick auf Anna und fragte mich, was sie wohl denken mochte.

*

Zum Frühstück ging es in eines meiner Lieblingslokale in Koblenz selbst. Anschließend zeigte ich ihr die wunderbare Stadt, die teils immer noch vom Krieg gezeichnet war, und so manche Orte meiner Kindheit. Ich redete viel und Anna schien mir aufmerksam zuzuhören, stellte dann und wann Fragen, wenn sie etwas besonders interessierte. Da es einer dieser schönen Sommertage war, nutzten wir auch die Zeit, um am Rheinufer entlang zu flanieren, ließen uns schließlich auf einer Bank mit Blick auf die nahe Festung am anderen Ufer nieder.

„Du hattest recht: Koblenz ist wirklich schön“, sprach Anna.

„Habe ich ja gesagt“, erwiderte ich mit einem herausfordernden Grinsen. Sie streckte mir lediglich die Zunge heraus.

Wir schwiegen kurz und erlaubten es der Umgebung auf uns zu wirken.

„Ich liebe solche sommerlichen Tage. Aber ich muss auch zugeben, dass ich ein Sommerkind bin“, sprach ich in die Stille.

„Mir geht es genauso.“

Ein junges Pärchen, einen Kinderwagen vor sich herschiebend, entstieg einem der vielen Vergnügungsdampfer, die am Ufer angelegt hatten.

„Möchtest du eigentlich Kinder haben?“, fragte Anna urplötzlich.

Ich schmunzelte in mich hinein, konnte ich mir doch denken, wie sie zu dieser Frage gekommen war: „Ich weiß es nicht. Meine Eltern erwarten von mir, dass ich heirate und Kinder bekomme, und ich mag Kinder auch wirklich gerne … Aber ich weiß nicht, ob ich Kinder in diese Welt setzen möchte. Ich meine, wenn wir Pech haben, beginnt bald ein weiterer Weltkrieg. Und wenn es einen geben sollte, wird Deutschland, egal welcher Teil, stark davon betroffen sein.“ Ich schaute zu ihr und sie nickte wissend. „Ich finde es klingt immer so … so dämlich, aber bisher gab es immer einen Krieg nach dem anderen …“ Ich tat eine Pause. „Außerdem glaube ich einfach nicht, dass ich ein guter Vater wäre, beziehungsweise fürchte ich mich davor, dies nicht zu sein.“

„Wieso das denn?“, erwiderte Anna.

„Wegen meines Vaters.“

Ich blickte ihr in die Augen, die mir ein klein wenig Irritation widerzuspiegeln schienen. „Versteh mich nicht falsch. Ich möchte nicht sagen, dass er ein schlechter Vater ist, aber wir kommen häufig nicht sonderlich gut miteinander aus. Das Problem ist, dass wir uns sehr ähnlich sind. Ich bewundere ihn, sehe zugleich aber auch das, wozu ich niemals werden möchte. Ich habe einfach Angst, dass ich für meine Kinder genauso wie er wäre.“ Ich senkte meinen Blick, fühlte ich mich irgendwie beschämt, vielleicht auch ertappt. Und doch spürte ich eine ungeahnte Erleichterung, diese Gedanken einmal einer anderen Person gegenüber geäußert zu haben. Anna tätschelte meine Schulter und blickte mich mitfühlend an.

„Aber glaubst du nicht, dass du gerade deshalb anders wärest?“

„Ich weiß nicht. Wir denken immer, dass wir so anders als unsere Eltern werden, aber am Ende sind wir ihnen dann häufig doch ähnlicher, als es uns lieb ist“, antwortete ich.

„Häufig, aber nicht immer. Ich glaube, du wärest, gerade weil du nicht wie er sein willst, anders, Hermann“, entgegnete Anna. „Und ich denke auch, dass du ein guter Vater wärest.“

„Danke, Anna.“ Ich schaute sie an, und sie lächelte bloß. „Und wie ist es bei dir?“

„Ich mache mir auch aufgrund der derzeitigen Lage viele Gedanken darüber. Aber trotzdem denke ich, dass ich eines Tages gerne Kinder haben würde“, antwortete sie knapp mit einem Grinsen, das ihre Mundwinkel leicht umspielte, und ich nicht recht einzuordnen wusste.

Dann breitete sich erneut angenehmes Schweigen über uns aus. Beide beobachteten wir die vielen vorbeiziehenden Schiffe.

„Ich werde fortgehen“, sprach ich in die Stille hinein.

„Wohin? Und wann?“

„Anfang nächsten Jahres. Ich habe die Möglichkeit erhalten, nach Italien zu gehen, um dort zu arbeiten“, führte ich aus.

„Und wohin wirst du genau gehen?“

„Nach Florenz.“

„Ich habe gehört, dass das eine sehr schöne Stadt sein soll.“

Ich nickte, hatten mir dies bereits viele Leute erzählt, und die wenigen Bilder, die ich gesehen hatte, hatten mein Interesse geweckt.

„Und weißt du bereits, für wie lange du dort arbeiten wirst?“

„Zwei Jahre.“

Ich schaute sie an und versuchte, in ihrem Blick zu lesen. Die urplötzliche Überlegung, ob ich sie einladen sollte, stach in meinem Geist hervor, doch wollte ich nicht aufdringlich sein oder schlicht und einfach merkwürdig wirken – schließlich kannten wir uns gar nicht mal so lange und hatten uns bisher nicht allzu oft gesehen.

„Wenn du möchtest, kannst du mich besuchen kommen", überwand ich mich dann doch, bevor ein weiteres, vielleicht dieses Mal unangenehmes Schweigen aufkommen konnte.

„Danke für die Einladung. Das würde ich wirklich gerne machen", erwiderte Anna und ihre Augen schienen mir zu strahlen.

Nachdem wir uns ein weiteres Mahl genehmigt hatten, und es in der Zwischenzeit reichlich spät geworden war, fuhren wir im Wagen meiner Eltern zurück. Die gesamte Fahrt über unterhielten wir uns angeregt über eines unserer Lieblingsthemen, der Literatur, wobei ich mit den Gedanken zugleich bereits bei der bevorstehenden Begegnung war. Anna erzählte mir von ihrer Hauslehrerin, Miss Candrick, die ihr Englisch beigebracht und sie für die entsprechenden Werke begeistert hatte, bevor sie dann neunzehnzweiundvierzig nach England hatte fliehen müssen.

„Alles gut bei dir, Hermann?", fragte Anna urplötzlich, gerade nachdem wir herausgefunden hatten, dass wir beide große Bewunderer von Ibsens Werken waren.

„Ja", log ich und fuhr in einem fort: „Ich hoffe, dass ich eines Tages eine Aufführung von *Nora* – oder *Ein Puppenheim*, wie es ja korrekt übersetzt eigentlich lauten müsste – sehen kann; es ist so ein großartiges Werk."

Glücklicherweise hakte Anna nicht weiter nach, als ob alles in Ordnung wäre, und da ich es vermied, sie anzublicken, konnte ich mir nicht sicher sein, ob sie mir Glauben schenkte oder lediglich meine Entscheidung des Schweigens respektierte.

„Es wäre wirklich schön, einmal eine Aufführung von *Ein Puppenheim* zu sehen", pflichtete sie mir dann bei und durchbrach somit die gerade erst begonnene Stille.

„Falls ich irgendwann eine Tochter haben sollte, würde ich sie gerne Nora nennen."

„Das wäre eine wirklich schöne Anlehnung an die Figur sowie das Drama“, pflichtete sie mir bei.

Ich lächelte. „Wusstest du eigentlich, dass Ibsen damals – gezwungenermaßen – ein alternatives Ende verfasst hat?“, sprach ich und warf Anna einen raschen Blick zu.

Sie schüttelte den Kopf. „Ich weiß ja, dass das Drama eine große Welle der Empörung ausgelöst hat, aber ich wusste nicht, dass diese *so* heftig war, dass man das Ende umgeschrieben hat“, erklärte sie und fügte nachdenklich hinzu, „kaum zu glauben, dass ein Theaterstück, in dem eine Frau ihren Mann sowie ihre Kinder verlässt, um sich aus gesellschaftlichen Zwängen zu lösen und Freiheit zu finden, so etwas ausgelöst hat.“ Sie schüttelte erneut den Kopf.

Ich stimmte ihr zu und fuhr fort: „Inszenierungen von Theaterstücken fallen ja leider immer wieder der Zensur zum Opfer. Um eben genau dem vorzubeugen, hat Ibsen, aufgrund der großen Empörung, einen alternativen Schluss verfasst, damit nicht die Theater selbst an seinem Stück herumbastelten. In dieser Version entscheidet sich Nora traurigerweise dann doch dafür, bei ihrem Mann sowie ihren Kindern zu bleiben.“

„Bin ich froh, dass wir in anderen Zeiten leben, auch wenn sich unsere Gesellschaft seit damals leider nicht allzu sehr weiterentwickelt hat“, erwiderte Anna.

Ich pflichtete ihr bei und wir beide fielen wieder zurück in unsere eigene Gedankenwelt.

Kurz darauf schon bogen wir in die kleine Einfahrt meines Elternhauses ein. Auf dem Weg zur Türe hoffte ich inständig, dass meine Eltern noch nicht heimgekehrt waren, doch wurde ich enttäuscht, nachdem ich aufgeschlossen hatte und wir vom Flur in das Wohnzimmer eintraten.

Da saßen sie beide wie auf dem Präsentierteller bereit. Mein Vater, der wie stets seine Pfeife paffte, legte seine Zeitung beiseite und betrachtete uns, während meine Mutter im Stricken innehielt; das einzige Geräusch tönte vom Fernseher her, irgendeine Sportsendung, was dem Ganzen etwas sehr Absurdes verlieh.

„Das ist Anna“, erklärte ich und deutete zu ihr hin. Mein Magen schien sich zusammen zu ziehen.

„Guten Abend“, sprach die Vorgestellte.

Ich suchte anhand ihrer Mimik zu erkennen, was sie gerade dachte, wie sie sich fühlte, doch war es mir ein Ding der Unmöglichkeit, auch nur irgendetwas aus ihrem Gesicht herauszulesen. „Freut uns, dich mal kennen zu lernen“, erwiderte meine Mutter und lächelte ein wenig verhalten, so wie sie es eben tat, wenn sie sich insgeheim freute.

„Ja“, stimmte ihr mein Vater brummend zu.

„Freut mich ebenso, sie kennen zu lernen“, erwiderte Anna.

Beklemmendes Schweigen trat ein.

„Ihr habt doch bestimmt Hunger?“, stellte meine Mutter die scheinbar wichtigste Frage.

Anna und ich nickten beide eifrig und zu viert ging es ins weniger rauchbelastete Esszimmer, wo bereits alles für das abendliche Mahl vorbereitet stand. Wir setzten uns und begannen zu essen. Nach einer Weile, in der mich meine Eltern über die Neuigkeiten in der Nachbarschaft informiert hatten, begannen sie behutsam, Anna eine nach der anderen Frage zu stellen. Es schien mir, als ob ich vom einen auf den anderen Moment vollends nebensächlich geworden war, und nach ein paar fehlgeschlagenen Versuchen, das Gespräch in andere Bahnen zu lenken, musste ich mich mit dem Beobachten der Szenerie zufriedengeben; Annas Mimik ließ noch immer keinerlei Interpretation zu.

Nachdem wir geendet hatten, verschwand mein Vater kurz in der Küche und kam mit vier Tellern, besetzt mit jeweils einem Küchlein, wieder. Zuerst war ich vollkommen sprachlos, doch im nächsten Moment schon ärgerte ich mich darüber, dass man mich so leicht überraschen konnte; ich hätte mit so etwas rechnen können.

Hiernach räumten meine Eltern auf, während Anna und ich

uns auf mein Zimmer zurückzogen.

„Deine Eltern sind wirklich nett“, erklärte sie, als sie sich auf ihrem Bett niederließ.

Ich nickte, wusste ich doch nicht, was ich sagen sollte, gar wollte.

„Es war dir wirklich unangenehm?“

„Ja“, antwortete ich knapp. „Ich mag solche Situationen einfach nicht.“

„Ich weiß, was du meinst. Und man hat es echt gut gesehen. Aber es war in Ordnung für mich“, erwiderte Anna mit einem Schmunzeln.

Ein wenig Erleichterung machte sich in mir breit und wir sprachen noch eine Zeit lang über den heutigen Tag.

„Ich bin müde und würde nun schlafen gehen. Morgen wollen wir uns ja auch die Festung ansehen“, erklärte Anna mit unterdrücktem Gähnen und verschwand aus meinem Zimmer zum Bade hin.

Nachdem sie wiedergekehrt war, machte ich mich selbst auf ins Bad. Als ich auf dem Rückweg am Wohnzimmer vorbeikam, tönte die Stimme meiner Mutter gedämpft hervor: „Hermann?“

Für einen kurzen Moment überlegte ich so zu tun, als ob ich sie nicht gehört hätte. Im Hinblick auf mein Alter entschied ich mich dann doch dagegen und trat ein. Meine Eltern saßen auf dem Kanapee und schauten irgendeine mir belanglos scheinende Sendung.

„Sie scheint wirklich nett zu sein“, begann meine Mutter das Gespräch und mein Vater stimmte ihr zu.

Ich nickte bloß und fragte mich, was sie eigentlich von mir wollten, obwohl ich dies insgeheim ja wusste.

„Wie alt ist sie?“, fragte mein Vater, zog an der Pfeife.

„Zweiundzwanzig“, erwiderte ich, wobei ich ihn am liebsten darauf aufmerksam gemacht hätte, dass er die Antwort aufgrund der Unterhaltung während des abendlichen Mahles bereits kannte.

Er nickte lediglich, wie um sich etwas zu bestätigen.

Stille.

„Wie lange bleibt sie noch?“, fragte meine Mutter.

„Noch vier Tage.“

Sie nickten beide gleichzeitig, was zutiefst lächerlich aussah, und bevor einer der beiden noch irgendeine Frage stellen konnte, ergriff ich das Wort: „Ich würde gerne zu Bett gehen. Ich bin müde und morgen wird ein anstrengender Tag werden. Wir haben vor, auf die Festung zu gehen.“

„Gute Nacht, Hermann“, sprach meine Mutter und lächelte dabei.

„Gute Nacht.“

„Gute Nacht“, erwiderte mein Vater und blickte mich kurz an, als ob er noch etwas sagen wollte, aber vielleicht bildete ich mir dies auch nur ein.

Schnell verschwand ich in meinem Zimmer.

Anna schien bereits tief in ihren Träumen versunken.

*

Die nächsten Tage verbrachten wir sehr schön und ich zeigte ihr alles, was ich kannte. Anna erzählte mir voller Vorfreude davon, dass sie Weihnachten in Kopenhagen verbringen würde und wie sehr sie sich darauf freute; darüber hinaus, nachdem sie erfahren hatte, dass ich noch nie dort gewesen war, versprach sie mir eine Postkarte.

Es war eine wirklich schöne Zeit mit ihr und wie beim letzten Male schon verging sie wie im Fluge. So fanden wir uns schließlich am Bahnhof wieder, wobei ich das Gefühl hatte, erst den vorigen Tag hier gewesen zu sein.

„Ich wünsche dir eine gute Heimreise“, sprach ich und zog Anna in eine Umarmung, die sie erwiderte.

„Dankeschön für diese schönen paar Tage, Hermann. Es hat mir wirklich gefallen“, erklärte sie, nachdem wir uns voneinander gelöst hatten.

„Auf Widersehen“, kam meine ein wenig plumpe Antwort nach einem Moment des Schweigens.

„Wir sollten versuchen, uns nochmal zu treffen, bevor ich nach Italien abreise.“

„Ja, gerne. Und falls wir uns nicht mehr sehen sollten, wünsche ich dir schon einmal alles Gute“, erwiderte Anna nach vorherigem Nicken.

„Auf Wiedersehen, Hermann.“

Sie legte noch ein letztes Mal ihre Arme um mich. Ich war so überrascht, dass sie, als ich es ihr nachtun wollte, bereits wieder die Arme sinken ließ.

Dann wandte sie sich ab, schlenderte den Bahnsteig entlang, winkte mir noch einmal und stieg in den wartenden Zug. Obwohl es mir nicht möglich war, sie zu sehen – wahrscheinlich hatte sie keinen passenden Platz gefunden – blieb ich, wo ich war, bis die Lok aus dem Bahnhof gezogen und hinter der nächsten Biegung verschwunden war. Ich verließ das Gebäude und als ich im Wagen anfuhr, war ich so in meinen Gedanken versunken, dass ich beinahe einen Unfall verursacht hätte.

Kapitel 5

1958

Es war einer jener merkwürdigen Momente, die einen vollends irritiert zurücklassen und die eigene Wahrnehmung aufs Äußerste belasten, ja sogar die Frage aufwerfen, ob man nicht doch einem bösartigen Traum erlegen sei.

Wir trafen uns dem Zufalle nach auf der Feier eines gemeinsamen Bekannten Anfang Dezember in Bonn wieder. Hatte ich zuvor noch mit dem Gedanken angebandelt, dass sie ebenfalls erscheinen würde, war ich irgendwann von dieser Vorstellung abgekommen, da ich wusste, dass Anna und Georg kaum noch Kontakt pflegten. Umso überraschter war ich dann, als ich sie zum gegebenen Anlass vorfand.

Ich betrat die Wohnung von Georg, der mich herzlichst begrüßte, war es doch schließlich sein Geburtstag. Nachdem er freudig sein Geschenk, ein weiteres Buch für seine große Sammlung, ausgepackt hatte, mischte ich mich unter die Gäste und hielt Ausschau nach Personen, die ich kannte; mir war es im Allgemeinen stets unangenehm mit fremden Menschen zu sprechen, beziehungsweise den ersten Schritt auf diese zuzumachen.

Und dann entdeckte ich Anna. Sie stand in der Küche und unterhielt sich mit einem mir unbekannten Mann. Freude darüber, sie hier zu sehen und doch nochmal mit ihr vor meiner Abreise sprechen zu können, stieg in mir auf; ich hatte schon geglaubt, dass wir uns das nächste Mal erst in Italien wieder treffen würden.

Anna hatte mich noch immer nicht entdeckt und ich wartete, bis ihr Gesprächspartner sich entfernte; dann schritt ich zu ihr.

„Ich hätte nicht gedacht, dich hier zu sehen", begrüßte ich sie.

Überrascht drehte sich Anna um und ein Lächeln huschte über ihr Gesicht, als sie mich erblickte.

„Schön dich mal wieder zu sehen, Hermann“, erwiderte sie meine Begrüßung und umarmte mich. „Wie geht es dir?“

„Gut. Und dir?“

„Auch gut.“ Sie grinste flüchtig und erwiderte nichts weiter.

„Letzen Monat war ich in Italien, um mich schon einmal um ein paar Angelegenheiten zu kümmern. Mit meinem Italienisch kam ich echt sehr gut zurecht. Und Florenz ist wirklich eine wunderschöne Stadt, so wie es mir all die Leute gesagt haben“, erzählte ich.

„Freut mich wirklich für dich, Hermann.“

Schweigen und lediglich die zu uns hin klingende, ruhige Musik war das einzige Geräusch, das ich vernahm.

In meinem Kopf ging ich eine Vielzahl an Möglichkeiten durch, was ich als nächstes sagen könnte, doch verwarf ich alles wieder.

„Wie geht es deinen Eltern?“

„Gut soweit.“

Irgendwer trat kurz ein und türmte eine Vielzahl an Essbarkeiten zu einem Berg auf seinem Teller auf, bevor er wieder verschwand.

„Ich muss mal auf Toilette“, entschuldigte sich Anna und verließ den Raum.

Ich stand eine Weile in Gedanken versunken da, genehmigte mir ein wenig zu Essen wie zu Trinken. Anna kam nicht wieder, wofür es unzählige Erklärungen geben konnte, und ich trat in das zweisegmentige Wohnzimmer ein. Sie war nirgends zu sehen, weshalb ich mich zu Georg stellte und mit ihm ein wenig über unser beider Arbeit sprach. Danach schwieg ich und lauschte lediglich einem Gespräch, welches sich zwischen ihm und einer mir fremden Frau entspann. Als mich die Langeweile dann doch packte, begab ich mich auf Wanderschaft, redete mit so mancher Person, wobei die Unterhaltungen nicht über jegliche Oberflächlichkeiten hinausgingen, und traf schließlich Anna im Flur wieder.

„Wann reist du eigentlich nach Kopenhagen ab?“, begann ich eine Konversation.

„Übermorgen.“

Im nächsten Moment erschien eine gemeinsame Bekannte – eine Person, die ich noch nie hatte leiden können –, und es entwickelte sich ein Gespräch zwischen den beiden Frauen. Ich stand noch eine Weile dabei, hörte zu, doch ging ich wieder, weil ich mich vollkommen deplatziert fühlte. Schweigend setzte ich mich auf das Kanapee nieder und wusste nicht so recht, was ich mit mir anfangen sollte. Ich überlegte, worüber ich mit Anna reden konnte, beziehungsweise, ob ich sie überhaupt nochmal ansprechen sollte. Nach einer Weile raffte ich mich dann zu einem erneuten Rundgang auf, unterhielt mich nochmals mit Georg und führte eine, wie es mir schien, oberflächliche, kurze Konversation mit Anna. Danach suchte ich wieder meinen alten Platz auf und ließ mich in das Polster hinein sinken. Ich bedauerte es zutiefst, dass Adolf die Einladung nicht hatte wahrnehmen können, hätte ich nun gerne mit ihm gesprochen.

Ich weiß nicht, wie lange ich dort gesessen habe, doch muss es wohl länger gewesen sein, als ich gedacht hatte, denn irgendwann stand dann Anna vor mir, um sich von mir zu verabschieden.

„Auf Wiedersehen, Hermann“, sprach sie und umarmte mich. „Ich wünsche dir viel Spaß in Italien.“

„Danke. Ich wünsche dir ebenfalls viel Spaß in Kopenhagen“, erwiderte ich, während ich versuchte, ihre Miene zu deuten. „Auf Wiedersehen, Anna.“

Sie ging und winkte mir vom Ausgang her nochmals zu. Kurz darauf verließ ich ebenfalls die Feier.

*

Es war der Tag vor meiner Abreise nach Bonn, kurz nach den Weihnachtsfeiertagen.

„Schön, dass wir es endlich geschafft haben, uns mal wiederzusehen“, erklärte ich.

„Seitdem Bernd auf der Welt und das zweite Kind unterwegs ist, bin ich viel beschäftigt“, erwiderte Hedwig und strich über die leichte Wölbung ihres Bauches. „Und das, obwohl ich nicht mal arbeite“, fügte sie lächelnd hinzu.

„Wie geht es Heinrich?“

„Er muss viel arbeiten, aber hat nun zwischen den Feiertagen frei. So kann er sich wenigstens auch mal um Bernd kümmern“, erklärte sie und nahm einen Schluck von ihrem Apfelsaft.

Beide blickten wir nach draußen. Es schneite, was die wundervolle Koblenzer Altstadt nur noch schöner aussehen ließ.

„Heinrich und ich haben darüber nachgedacht, wer als Pate unseres nächsten Kindes in Frage kommen würde“, begann Hedwig und strich dabei erneut über ihren Bauch. „Wir haben dabei an dich gedacht, Hermann.“ Sie tat eine Pause. „Möchtest du gerne der Pate unseres Kindes werden?“

Ich benötigte einen Augenblick, um ihre Frage zu realisieren wie anschließend zu verarbeiten, hatte ich mir im Traume niemals ausgemalt, eine solche Ehre zugetragen zu bekommen. Stolz stieg in mir auf, gepaart mit einer seichten Furcht, die jedoch von allem anderen überlagert wurde.

Ein kurzes Zögern, bevor ich antwortete: „Ja gerne, Hedwig. Und vielen lieben Dank für euer Vertrauen.“

„Wir kennen uns schon so lange, Hermann. Wir wissen, dass du ein guter Pate sein wirst.“

„Dankeschön.“ Ich wusste einfach nicht, was ich sonst sagen sollte.

Ein kurzes, angenehmes Schweigen trat zwischen uns ein, wurde bald darauf wieder unterbrochen.

„Deine Eltern haben mir erzählt, dass du eine Freundin hast“, sprach Hedwig in die winterliche Atmosphäre hinein.

Ich verschluckte mich fast an meinem Glühwein, verbrannte

mir die Zunge.

„Nein“, erwiderte ich, „aber wie kommen sie darauf?“ Es war eine wirklich dumme Frage, weil ich die Antwort ja schon kannte.

„Sie haben mir lediglich erzählt, dass du eine Freundin hast, und dass sie auch schon bei euch übernachtet hat. Sie meinten, dass sie wirklich nett sei“, gab sie wieder.

Enttäuschung machte sich in mir breit, und Ärger, weil es mich traf, obwohl ich es hätte kommen sehen sollen. Und doch tat mein Herz einen ungewollten Hüpfer.

„Anna ist lediglich eine gute Freundin“, erklärte ich. „Und irgendwo musste sie ja auch übernachten, als sie mich hier besucht hat. Sie kommt übrigens aus der Nähe von Kiel.“

In Hedwigs Augen schien sich mir ein wenig Enttäuschung widerzuspiegeln.

„Was ist los?“, fragte ich.

Sie zögerte kurz, bevor sie antwortete: „Ich hatte einfach nur gehofft, dass du eine Freundin hast. Deine letzte Beziehung ist so unglücklich ausgegangen ...“ Hedwig blickte mich ein wenig mitleidig an und in diesem Moment wusste ich, weshalb wir schon so lange befreundet waren; aber dennoch, auf ungewohnte Weise störte mich tief in meinem Innersten ihr Mitleid.

„Danke, Hedwig.“

„Aber gibt es derzeit niemanden in deinem Leben, Hermann?“

Ich überlegte kurz, doch dann begann ich, ihr die gesamte Geschichte von Anna und mir zu erzählen. Meine Ausführung verschlang wirklich einiges an Zeit und als ich das nächste Mal den Blick auf die Uhr wagte, waren ganze vierzig Minuten vergangen.

„Egal, wie ich es drehe und wende: Ich weiß nicht, was ich tun soll“, endete ich schließlich. „Ich weiß ja nicht einmal, was ich denken soll!“, fügte ich hinzu und stellte mit Erstaunen fest, dass ich verzweifelter klang, als es sich in meinem Kopf angehört hatte.

Hedwig, die mir wie stets aufmerksam gelauscht hatte, saß still da, die Stirn in Falten gelegt. Ich sagte nichts weiter, wusste ich doch, dass ich sie lediglich in ihrer Konzentration gestört hätte. Ungewollt musste ich zugeben, dass es gutgetan hatte, einer vertrauten Person dies alles zu erzählen, und zugleich wunderte ich mich darüber, wie sehr mich die gesamten Geschehnisse doch belastet hatten.

„Du liebst sie, nicht wahr?“

Ich wollte ihre Frage schon zurückweisen, doch besann ich mich und nahm mir den Moment, um über ihre Worte wirklich nachzugrübeln; unter anderen Umständen hätte ich jene Frage wahrscheinlich brüskiert abgetan, aber Hedwig kannte mich gut und lange, weshalb ich dem Gesagten ein gewisses Gewicht beimaß.

So viele Fetzen flogen in meinem Geist umher und es schien mir, dass ich sie kaum fassen konnte, ja fast schon, dass sie es einfach nicht zulassen wollten.

Schließlich brachte ich meine Antwort vor: „Ich denke schon.“

„Was soll das heißen?“, fragte Hedwig mit einer Stimme voll Irritation.

„Dass ich glaube, dass ich sie liebe.“

„Also, entweder du tust es, oder eben nicht. Aber dazwischen gibt es nichts, Hermann.“

„Ich bin mir schlichtweg nicht sicher.“

Schweigen, während sie mich fragend anblickte.

„Hast du mit ihr gesprochen?“

„Nein. Ich wüsste einfach nicht, was ich sagen sollte. Ich weiß ja auch immer noch nicht, was ich aus all dem machen soll. Außerdem habe ich Angst davor, diese Freundschaft zu verlieren“, erwiderte ich ein wenig niedergeschlagen.

„Bei mir hast du damals auch lange gebraucht. Und trotzdem ...“

„Deutschland war am Boden. Ich … wir hatten andere Sorgen“, unterbrach ich sie. „Entschuldigung“, fügte ich verlegen hinzu.

„Du weißt, dass das eine schlechte Ausrede ist, Hermann“, erwiderte Hedwig lediglich. „Was ich sagen wollte, war: Sprich mit ihr. Sie mag dich definitiv, sonst hätte sie nicht die ganze Zeit über den Kontakt gehalten.“

„Aber sie widerspricht sich selbst. Ich dachte auch, dass sie mich wirklich mögen würde, aber auf der Feier waren wir wie Fremde. Hedwig, ich weiß einfach nicht, was ich daraus machen soll“, entgegnete ich.

„Ich war nicht auf der Feier, aber für ihr Verhalten kann es auch eine andere Erklärung geben. Egal wie, sprich mit ihr. So kann das doch nicht weitergehen“, erklärte Hedwig und sah mich durchdringend an.

„Ich weiß nicht. Aktuell weiß ich ja nicht einmal, ob ich sie nochmal wiedersehen werde“, entgegnete ich.

„Hermann, ich kenne dich nun schon so lange. Ich weiß, dass du dir immer über alles und jeden den Kopf zerbrichst … und auch, dass dich das bisweilen sehr belastet. Bitte, sprich mit ihr. Es wird dir auf jeden Fall guttun“, versuchte sie, mich zu beschwichtigen.

Ich nickte, war aber noch immer nicht vollends überzeugt, doch drängte sich mir das Gefühl auf, dass wir einen Punkt erreicht hatten, welcher unser Gespräch nur noch weiter und weiter im Kreise verlaufen lassen würde.

„Danke, Hedwig.“ Ich stand auf und schloss sie kurz in meine Arme.

„Keine Ursache“, erwiderte sie bloß und lächelte.

Hiernach sprachen wir noch über so vieles, insbesondere unser beider Kindheit und Jugend in Koblenz.

Irgendwann dann meinte Hedwig, dass sie gehen müsse, um nach Bernd zu sehen und wir verabschiedeten uns aufs Herzlichste; insgeheim wussten wir beide, dass wir uns, gerade im

Hinblick auf ihre Lebenssituation, in den nächsten Jahren kaum oder sogar gar nicht zu Gesicht bekommen würden.

Kapitel 6

1959

Zu dieser Jahreszeit war es in Italien kälter, als ich gedacht hatte, und ich ärgerte mich über meine Blauäugigkeit. Es war Anfang April und nicht wirklich kühl, aber dennoch im Vergleich zu Deutschland auch nicht warm.

Langsam schritt ich am Fluss, der sich durch Florenz zog, entlang. Die Stadt war wunderschön, jedoch schlug es mich in Gedanken wieder und wieder zu Anna zurück.

Ihre Karte hatte ich noch in Bonn erhalten, doch noch immer wusste ich nicht, ob ich ihr antworten sollte. In diesem Moment wäre es mir ein Leichtes gewesen, sie hinter mir zu lassen, besaß sie ja nicht einmal meine neue Adresse. Ich war in einem fremden Land, und es schien mir alles wie ein großer, neuer Anfang.

Noch einmal rief ich mir ihre Worte ins Gedächtnis zurück. Sie hatte mich nach meiner zukünftigen Adresse gefragt, aber von den Merkwürdigkeiten der Feier fand sich keinerlei Erwähnung – als ob dies alles niemals stattgefunden hätte.

Das Schlimmste an allem jedoch war, dass ich mich unsagbar einsam fühlte, kannte ich bisher kaum Leute, was mich meine Freunde, insbesondere Anna vermissen ließ.

Unwillkürlich schob sich eine Erinnerung an eine unserer ersten Begegnungen in meinem Gedächtnis hervor. Damals hatte sie meine braunen Augen fälschlicherweise für grün gehalten, doch hatte mir dies immerhin ein Kompliment eingebracht. *Du hast wirklich schöne, grüne Augen*, hörte ich sie in meinem Kopf sagen und es war mir, als ob ich ihre Stimme gerade zum ersten Mal vernehmen würde.

Ich versuchte, die Gedanken und Erinnerungen an sie zu vertreiben, doch es half alles nichts. Immerzu musste ich über unsere verworrene Verbindung nachgrübeln, und gleichzeitig stach mir wieder und wieder Hedwigs Ratschlag ins Gedächtnis. In diesem Augenblick musste ich mir schweren Herzens eingestehen, dass ich ein Feigling war.

Kopfschüttelnd trottete ich die Straße entlang und bemerkte erst nun, dass mich meine Schritte zu einer der großen Kirchen gelenkt hatten. Ich blieb stehen und betrachtete das wunderschöne Bauwerk. Obwohl ich nicht viel für die Religion übrig hatte, trat ich nach einer Weile ein. Im Inneren war es erstaunlich still und ich musste zugeben, dass ich eine Horde von Touristen erwartet hatte, aber handelte es sich anscheinend um den falschen Tag oder die falsche Jahreszeit für solcherlei. Langsam schritt ich umher und beäugte interessiert den Pomp und die Eleganz. Die angenehme Stille hatte eine mir unerklärlich beruhigende Wirkung und schließlich ließ ich mich sogar auf eine der Bänke, die natürlich vollkommen unbequem waren, nieder.

Und ich versank in den Tiefen meiner Gedanken.

Ich musste wohl wirklich lange dort gesessen haben, denn sowie ich das nächste Mal den Blick auf die Uhr legte, war knapp über eine Stunde verstrichen. Leicht irritiert erhob ich mich und trottete aus dem imposanten, immer noch Ruhe ausstrahlenden Gebäude. Welch merkwürdiges Ereignis dies doch gewesen war, betrat ich Kirchen normalerweise lediglich der Architektur wegen. Aber immerhin hatte mir meine Zeit geistiger Abwesenheit eine Antwort für mein Problem dargelegt.

Und obwohl ich nicht an solcherlei wie Schicksal glaubte, hatte ich mich entschieden, es auf genau eben jenes ankommen zu lassen, weshalb ich gleich nach meiner Rückkehr den Brief aufsetzen würde. Wenn Anna meine Einladung annahm, würde ich mit ihr in Italien das Gespräch suchen. Wenn sie, aus welchem Grunde auch immer, nicht auftauchen würde, würde ich sie auf ewig aus meinem Leben schieben. Diese Entscheidung, nun einmal gefällt, ließ mich erlöst und auf gewisse, groteske Weise frei nachhause tänzeln; es fühlte sich wie Glück an.

Ich erhielt ihre Antwort etwa sechs Wochen später, und wie in diesem Falle zu erwarten, hatte sie zu einem Besuche eingewilligt; im August würde es schließlich soweit sein.

Kapitel 7

1959

Ich hatte mir die Woche ihres Besuches dank zuvor abgeleisteter Überstunden frei genommen. Für Anna war es das erste Mal in Italien und es schien mir, dass sie dieses Land vom ersten Moment an in ihr Herz geschlossen hatte. Ein wenig stolz präsentierte ich ihr Florenz und erzählte ihr das wenige, das ich wusste. Hiernach ging es für ein paar Tage ans Mittelmeer, was für uns beide eine vollkommen neue wie wunderbare Erfahrung bedeutete. Wir genossen die malerische Landschaft und das warme Meer, das uns als Deutschen einer exklusiven Rarität glich. Den letzten Tag brachten wir dann wieder in Florenz zu und noch immer hatte ich nicht das Gespräch mit ihr gesucht. Ich wusste, dass mir die Zeit davonlief, doch war mir jedmöglicher, bisheriger Moment als unpassend erschienen.

Schließlich, nachdem wir in der Florentinischen Altstadt unser abendliches Mahl zu uns genommen hatten, überwand ich mich; auch in dem Wissen, das dies die letzte Möglichkeit markierte.

Als ich zu sprechen begann, merkte ich, dass die Worte, die ich mir so schön zurecht gelegt, gar fast schon geprobt hatte, mir vollends entfallen waren, und eine unangenehme Leere breitete sich in meinem Geist aus.

„Anna?“ Mein Mund fühlte sich ungewohnt trocken an oder ich bildete mir dies lediglich ein.

„Ja?“

Stille und ich überlegte, ob ich das Gespräch nicht schnell noch in andere sichere Bahnen lenken sollte.

„Ich wollte dich fragen …“ Ich versuchte, die richtigen Worte aus meiner Erinnerung zu greifen. „Ich wollte dich fragen, was das eigentlich zwischen uns beiden ist.“

Anna blickte mich an und in diesem Augenblick wünschte

ich, in die Vergangenheit reisen zu können, um mich an meiner eigenen Dummheit zu hindern.

„Dasselbe habe ich mich auch schon gefragt“, erwiderte sie zu meinem Erstaunen, und ich benötigte einen Moment, um ihre Worte zu begreifen.

Schweigen.

„Ich mag dich wirklich gerne und mir macht es wirklich viel Spaß, was mit dir zusammen zu machen“, sprach ich.

Es fiel mir schwer, ihr in die Augen zu blicken.

„Ich empfinde dasselbe, Hermann.“

„Ich muss wirklich, wirklich oft an dich denken. Und nach Georgs Feier, wo wir kaum geredet haben, hatte ich Angst, dass du mich nicht mehr magst“, erklärte ich, und es fühlte sich an, als ob ich jedes einzelne Wort pressen müsste.

„Auf der Feier habe ich seit langem viele meiner Freunde und Bekannten aus Bonn wieder getroffen, weshalb ich nicht den ganzen Abend nur mit einer Person sprechen wollte. Aber das hatte nichts mit dir persönlich zu tun, Hermann. Ich wusste nicht, dass du dir so viele Gedanken gemacht hast. Das tut mir wirklich leid“, erwiderte Anna und sah mich mit bitterer Miene an.

„Aber ich mag dich trotzdem sehr gerne, Hermann. Und in Laboe muss ich ebenfalls oft an dich denken. Jedes Mal, wenn mich einer deiner Briefe erreicht, freue ich mich wirklich riesig.“

Erst nun bemerkte ich, dass sie meine Hand ergriffen hatte. Ungläubig starrte ich auf unser beider Hände, und für einen Moment legte sich ein Schweigen über uns, welches alles oder nichts bedeuten konnte. Dann überwand ich mich und schlang meine Arme um sie.

Die lang anhaltende Umarmung fühlte sich anders an als alle bisherigen, und als wir uns ein wenig voneinander gelöst hatten, die andere Person doch immer noch haltend, küssten wir uns zum ersten Mal; Glück schien meinen gesamten Körper und Geist zu durchströmen. Ich wollte nicht, dass dieser wundervolle Moment endete, doch auch die schönsten Erlebnisse haben nun einmal ein Ende.

Nach einer Zeit, die mir unfassbar kurz und zugleich unendlich lang erschienen war, sagten sich unser beider Körper voneinander los und wir standen uns gegenüber, als ob keiner etwas sagen wollte, um dem Augenblick nicht die Magie zu nehmen.

Nach einer Weile setzten wir uns, immer noch schweigend, nun den Arm umeinander gelegt, in Bewegung.

„Sind wir nun zusammen?“, wagte ich leise zu fragen.

„Ja, Hermann“, antworte Anna und begann fröhlich zu lachen.

*

Der Abschied, obgleich so oft schon erlebt, fühlte sich dieses Mal, trotz des vertrauten Elementes, anders an. Wir standen beisammen und es schien, als ob keiner von uns den ersten Schritt wagen wollte; aber schließlich mussten wir es doch tun. Es war eine beklemmende Stimmung, die unsere eigentlich so glücklichen Herzen ergriffen hatte. Lange hielten wir uns umschlungen, doch auch diese Verbindung mussten wir irgendwann trennen.

„Auf Wiedersehen, Anna. Wir sehen uns wieder“, sprach ich und es war mir, als ob meine Stimme aufs Äußerste belegt war.

„Ja, Hermann. Entweder in Italien oder in Deutschland“, erwiderte sie und ergriff dabei meine Hände.

„Auf Wiedersehen.“

Wir küssten uns, verfielen nochmals in eine kurzweilige Umarmung.

„Ich muss nun gehen, Hermann. Sonst verpasse ich meinen Zug.“

Ich nickte, wusste der rationale Teil meines Kopfes ja, dass sie recht hatte, wohingegen der andere, emotionale sie unter keinerlei Umständen ziehen lassen wollte. Sie drückte mir noch einen flüchtigen, letzten Kuss auf die Wange und wandte sich ab, schlenderte in Richtung Zug. Nachdem sie eingestiegen war, suchten meine Augen die Fenster ab und ich wurde bereits im nächsten Moment damit belohnt, sie wieder zu sehen. Anna ließ sich nahe meinem Standpunkt nieder und winkte mir zu. Irgendwann dann setzte sich der Zug in Bewegung und zog aus dem Bahnhof, schließlich in die Ferne dahin.

Ich selbst stand keuchend, weil ich Schritt zu halten versucht hatte, am Bahnsteigsende, und mein Magen schien sich mir umzudrehen, was nicht nur an der Anstrengung liegen mochte.

*

Hedwigs Brief erreichte mich lediglich eine Handvoll von Wochen danach. Sie schilderte mir, dass sie zum zweiten Male Eltern geworden waren, dieses Mal von einer Tochter namens Maria. Des Weiteren teilte sie mir den Termin der Taufe im kommenden Jahre mit. Ich schrieb ihr sogleich zurück, froh darüber sagen zu können, dass ich nicht alleine erscheinen würde. Nach einem Moment des Innehaltens fügte ich dem Geschriebenen nochmals meinen zutiefsten Dank bei.

Kapitel 8

1960

Ich erwachte aus unruhigem Schlaf und versuchte, meinen Kopf von den allzu vielen Erinnerungen zu befreien. Unzählige Traumfetzen schwirrten in meinem Geist umher und verbanden sich zu einem großen, unangenehmen Ganzen. Bilder von meiner verstorbenen Großmutter flackerten auf, und hier drunter mischte sich die Angst, dass ich, wie im Traum geschehen, Anna verlieren könnte.

Obwohl es finsterste Nacht war, vermochte ich nicht mehr zu schlafen. Sobald ich es einmal wagte, die Augen zu schließen, zogen die Bilder von Neuem in meinem Geiste auf und ließen mich innerlich erzittern. Nun lag ich da – gezwungenermaßen wach. Ich war meinen Restträumen, wie dem, was sie heraufbeschworen, ausgesetzt. Ich fühlte mich schrecklich und konnte mich nicht entsinnen, jemals solch emotionaler Tortur erlegen zu sein. In diesem Moment kam das wieder hoch, was ich die letzten paar Wochen, tief verborgen und gut verdeckt, aber dennoch stets vorhanden, mit mir getragen hatte: Heimweh.

Ich vermisste meine Freunde, meine Familie, Anna sowie Deutschland im Allgemeinen, doch traf mich dies nun alles in einer Intensität, die mir in meinen bisherigen Jahren vollends fremd gewesen war. Die ganzen Lappalien, welche mir in meinem neuen Leben bisweilen Unmut bescherten, brachen sich in meinem Geiste Bahn und selbst all die vielen Kleinigkeiten, die ich in meiner bisherigen Zeit in Italien lieb gewonnen hatte, waren mir auf einmal zuwider.

Als der Morgen graute, lag ich immer noch wach – gefangen in meinen finsteren Gedanken.

*

Etwa zwei Wochen danach stapfte ich am Ufer des Arno entlang, hatte ich mir inzwischen angewöhnt, stets auf Wanderschaft zu gehen, wann immer mich meine Gedanken belasteten und ich es nicht länger auszuhalten vermochte. Trotz der für mich immer noch außergewöhnlichen Kälte zu dieser Jahreszeit tat es mir ungemein gut, mich zu bewegen und hierdurch meinem Kopf wenigstens ein bisschen Klarheit zu bringen. Das Heimweh war noch vorhanden, forderte seinen Tribut, wann immer es emporstieg und das Schlimmste daran war, dass ich nie vorhersehen konnte, wann es mich packte. Am einen Tage erging es mir noch hervorragend, während ich am nächsten Morgen, geplagt von meiner allgemeinen Tristesse, erwachte; manchmal überkam es mich auch vom einen auf den anderen Moment, schwemmte einer Welle gleich alles andere hinweg. Bisher hatte ich stets gedacht, dass ich mich einer robusten geistigen Gesundheit erfreuen konnte, doch war es mir nie zuvor so schlecht ergangen, und ich hatte weder gewusst noch geglaubt, dass ein Mensch zu solcherlei Emotionen fähig wäre.

Inzwischen hatte ich auch den vermeintlichen Auslöser des Ganzen, oder besser gesagt, die beiden Situationen, die mir hierfür verantwortlich schienen, ausfindig gemacht: sie nannten sich Weihnachten und Silvester.

Jene Feiertage hatte ich in meinem gesamten Leben noch nie so weit von Zuhause allein verbracht, was mich wieder alles erinnern gelassen hatte. Anna fehlte mir so sehr und unser regelmäßiger Briefverkehr litt stark unter der nun zusätzlichen Distanz wie auch der italienischen Post.

Des Weiteren hatte ich mir inzwischen einen schönen Kreis von Personen aufgebaut, mit denen ich dann und wann mal etwas unternahm, doch war es nie dasselbe, wie mit meinen Freunden in Deutschland, und es ließ mich diese nur umso mehr missen.

Der derzeitige, für mich wichtigste Lichtblick, stellte Annas kommender Besuch in zwei Monaten dar, doch bis dahin hieß es erst einmal warten. Ich versuchte, meine Zeit mit so vielerlei Ablenkung wie nur möglich zu füllen. Auf meiner Arbeit, die mir nach wie vor viel Freude bescherte, nahm ich Überstunden, während ich am Abend diversen Kulturveranstaltungen einen Besuch abstatte. Am Wochenende bestritt ich mit meinem besten italienischen Bekannten, Paolo, Ausflüge in die Umgebung – auch, um das Land noch besser kennen zu lernen.

Insgeheim hatte ich Angst davor, allein zu sein, allein mit meinen Gedanken.

Kapitel 9

1960

Marias Taufe fand zu Beginn des Sommers statt und es war das erste Mal, dass ich Italien verließ, und dass ich Deutschland besuchte. Des Weiteren bedeutete jenes Ereignis auch, dass Anna und ich das erste Mal gemeinsam als Paar auftreten würden und ich sie so manch einer Person vorzustellen hatte.

Wir beide waren insgesamt eine Woche früher angereist, um, die Gelegenheit beim Schopfe packend, ein paar Tage gemeinsam zu verbringen; hierzu hatten wir uns ein Zimmer in der Koblenzer Altstadt genommen – zur Missgunst meiner Eltern. Unser Beisammensein wurde jedoch von den Merkwürdigkeiten, wieder in meinem Land, meiner Heimat, zu sein, überschattet, und ich musste zugeben, dass ich Florenz, wo ich mich inzwischen ungemein wohl fühlte, äußerst vermisste. Des Weiteren stachen mir andauernd die kleinlichsten Banalitäten ins Auge, Dinge, die zuvor noch nie mein Missfallen erregt hatten, wie zum Beispiel, dass die Deutschen, wie es mir schien, ein Volk, geplagt von stetger Ungeduld, waren.

„Du bist selbst Deutscher", pflegte Anna in solchen Situationen mich stets mit einem Grinsen zu erinnern.

Schließlich war der große Tag gekommen und ich war vollends aufgeregt, zum einen wegen Anna, zum anderen wegen der Taufe selbst. Meine Mutter war die erste Person, die uns erblickte, als wir erschienen, und sie begrüßte Anna, als ob sie sich schon seit langem kennen würden, was in gewisser, großzügig ausgelegter Weise ja auch stimmte. Es folgte die Begrüßung meines Vaters, die, wie zu erwarten, keinerlei Interpretation seines Seelenzustandes zuließ; aber immerhin huschte ein Lächeln über sein Gesicht, welches nur den kundigen Betrachtern meines Vaters in Augenschein zu treten vermochte. Adolf und Heinrich begrüßten Anna mit der natürlichen Freude, sie endlich einmal kennen lernen zu dürfen. Hedwigs Eltern waren die letzten in jener langen Reihe, und sie verwickelten uns mit einer Leichtigkeit, die nur ältere Eltern an den Tag zu legen scheinen, in ein Gespräch, welches davon handelte, dass sie mich, aufgrund der Nachbarschaft, ja schon von klein auf kannten. Anna lächelte und grinste über ihre vielen Anekdoten, hakte hier und da sogar nochmals nach.

Nachdem wir dann irgendwann diese Unterhaltung hinter uns gebracht hatten, konnten auch wir uns endlich frei umher bewegen. Ich war zutiefst erleichtert und froh, dass Anna sich gut machte, und falls es ihr insgeheim doch unangenehm war, ließ sie es nicht zu, dass die übrigen dies bemerkten.

„Da bist du ja, Hermann", hörte ich eine Stimme von hinter mir und drehte mich um. Vor mir stand Hedwig, Maria auf dem Arm und Bernd vom Saum ihres Kleides nahezu versteckt. Wie bei Kindern in diesem Alter üblich, hatte er sich in den vergangenen Jahren stark verändert, war ein gutes Stück gewachsen.

„Hallo, ihr drei", begrüßte ich sie fröhlich. Ich wollte bereits schon Anna vorstellen, doch übernahm sie dies selbst: „Ich bin Anna. Freut mich euch kennen zu lernen."

„Mich auch", erwiderte Hedwig. „Ich bin Hedwig. Das ist Bernd." Sie trat zur Seite und deutete auf ihren Sohn hin, der den Anschein erweckte, als ob man ihn gerade bei etwas ertappt hätte. „Und das ist Maria", sprach sie, und ein wenig Stolz schwang in ihrer Stimme mit.

Ich betrachtete sie: Die grünen Augen des Vaters, während die Stupsnase wie auch die proportional kleinen Ohren die der Mutter waren, und der Mund mir eine Mischung der beiden Eltern schien. Eine Welle voll merkwürdigen Stolzes schwappte über mich hinweg.

Ich reichte den beiden Kindern die Hand, was im Falle von Maria lediglich ein Versuchen bedeutete. Anna tat es mir nach – mit mehr Erfolg.

Wir unterhielten uns noch einen Augenblick über die bevorstehende Taufe und ich hätte mich liebend gerne noch länger mit Hedwig persönlich unterhalten, wenn sie doch Zeit gehabt hätte.

„Ich muss auch schon wieder. Heinrich und der Pastor warten auf mich“, erklärte sie und entschwand, Bernd einem unsichtbaren Faden gleich hinter sich herziehend. Wir mischten uns unter die anderen Gäste und meine Aufregung stieg immerzu, von Minute zu Minute, bis schließlich zur Sekunde hin, weiter an.

„Alles gut bei dir?“, fragte ich Anna, auch um meine Gedanken an andere Orte zu lenken.

„Ja. Es war weniger schlimm, als ich erwartet hatte“, erwiderte sie grinsend. „Und das mit der Taufe wird schon. Mach dir keine Sorgen.“ Sie hakte sich bei mir ein.

Im nächsten Moment wurden wir auch schon in die Kirche gebeten. Die Zeit der eigentlichen Taufe verging rasend schnell, fast schon dem Rausche gleich, und rückblickend kann ich nur noch sagen, dass letztendlich alles gut gegangen ist, ich glücklich und zutiefst stolz war.

Hiernach schritt die allgemeine Gesellschaft in eine für diesen Tag gemietete Wirtschaft und das Gelage nahm seinen zu erwartenden Lauf. Nachdem sich die Gäste gesättigt, ja fast schon die Bäuche zum Bersten vollgeschlagen hatten, begannen sie, sich frei umher zu bewegen und es ergab sich folgendes Bild: Hedwigs und meine Eltern standen beisammen und schwelgten wahrscheinlich in Erinnerungen an unsere Kindheitstage; Anna sprach angeregt mit Hedwig, und das, obwohl sie von meinen ehemaligen Gefühlen für diese wusste und sie sich heute erst kennen gelernt hatten; Heinrich stand, Bernd an einer Hand haltend, mit seinen Freunden; die älteren Herrschaften hatte sich bereits entschuldigt; und ich selbst war mit Adolf.

„Ich habe bisher nicht viel mit ihr gesprochen, aber sie scheint mir sehr nett zu sein. Schön, dass ihr zusammengekommen seid. Ihr wirkt wirklich glücklich“, erklärte Adolf und blickte zu Anna hin.

Ich nickte, froh über den Ausgang seiner Beurteilung.

„Und sie ist auch sehr hübsch“, fuhr er fort.

„Das spielt keine Rolle. Aber ja“, erwiderte ich und wusste nicht, weshalb mich dies verlegen machte.

Und dann musste ich grinsen, schaute Adolf an, der dies ebenso tat, und fühlte mich an frühere Zeiten erinnert.

„Hermann, ich wollte dich noch fragen, ob ich dich im Oktober besuchen kommen könnte. Wäre das möglich?“

„Natürlich. Du bist immer willkommen“, antwortete ich und freute mich zutiefst über seine Anfrage. „In der zweiten Woche habe ich frei. In der Zeit wäre es perfekt.“

„Abgemacht.“

Wir schlugen ein und unsere sich nun entspannende Unterhaltung wandte sich anderen Themen zu.

„Hättest du gedacht, dass wir uns alle – du, Hedwig und ich – hier eines Tages wiederfinden würden? Ich meine, es ist die Taufe von ihrem Zweiten, und die letzte kommt mir gerade erst so vor, als ob sie gestern gewesen wäre“, sprach Adolf schließlich nach einer dieser gedanklichen Pausen, die so oft den Beginn eines neuen gesprächlichen Abschnitts markieren.

„Wir kennen uns so lange …“, erwiderte ich versunken. „Du und Judith seid auch schon ziemlich lange zusammen“, stellte ich weiterhin fest.

„Drei Jahre, fünf Monate und zweiundzwanzig Tage um genau zu sein“, erwiderte Adolf.

„Dann bist du demnach der nächste“, antwortete ich, ein Grinsen auf den Lippen, dabei in Richtung von Heinrich, Hedwig und den Kindern nickend.

Er ließ mir lediglich einen Blick, der mir, wie so oft, alles sagte, zukommen und verdrehte seine Augen. „Schade, dass sie heute nicht dabei sein kann.“

Irgendwann verließ Adolf die Feierlichkeit, doch fiel der Abschied nicht allzu schwer, wusste ich ja, dass wir uns alsbald wiedersehen würden. Anna und ich blieben, bis wir einen Teil der letzten Gäste darstellten, und halfen die Überbleibsel zu bereinigen.

„Sie ist wirklich nett, Hermann“, sprach Hedwig, während wir gemeinsam einen Tisch zur Seite hintrugen. „Und ihr passt auch gut zusammen.“

Ich lächelte, ehrlich erfreut. „Nochmals vielen Dank für das Gespräch, damals.“

Nach einer ganzen Weile des Ordnens verließen dann auch wir die gemietete Wirtschaft.

„Deine Freunde scheinen echt nett zu sein. Gerade mit Hedwig habe ich mich gut verstanden“, sprach Anna in die frische, sommerliche Luft, durch die wir uns Richtung unseres gemeinsamen Zimmers bewegten.

In diesem Moment fiel mir ein großer Stein vom Herzen und ich schloss meine Arme um die Frau, die ich liebte.

Kapitel 10

1961

Ein letztes Mal noch wandelte ich auf den Straßen Florenz‘, Orte voller Geschichten, zu denen ich nun meinen Beitrag geleistet hatte, voller Erinnerungen, die sich auf ewig mit den meinigen verbunden hatten. Bilder der schönen wie schwierigen Erlebnisse, von Annas Besuchen, der Alltagsroutine, von wundervollen Stränden, Städten und Bergen, von Adolfs Aufenthalt und so vielem mehr zeigten sich in rascher, repetitiver, chaotischer Folge vor meinem inneren Auge.

Morgen würde ich abreisen, und es stimmte mich traurig. Aber dennoch hielt sich auch eine gewisse Freude, nach Deutschland zurückzukehren. Anna und ich würden gemeinsam mehr Zeit verbringen können, ich würde endlich ihre Familie kennen lernen, es würde sich die Möglichkeit bieten, erneut regelmäßigen Kontakt zu meinen Freunden zu pflegen, und dies waren nur eine Handvoll der Vorzüge, die meinen Abschiedsschmerz linderten; für einen kurzen Augenblick wallte das Bedauern des bisher versäumten Familienbesuches in mir auf.

Meine Arbeit hier, mit den italienischen Partnern meines Chefes, war getan. Nichtsdestotrotz würde ich in Bonn weiterhin mein Italienisch benötigen, nun aber für die vielen Italiener vor Ort, ganz so, wie es sich mein Chef damals ausgemalt hatte.

Mein Alltag, diese wunderschöne Stadt selbst und all das, was dieses Land inzwischen für mich bedeutete, würden mir wohl sehr fehlen.

*

So oft ich mir auch meine Rückkehr strahlend ausgemalt hatte – die Realität war vollends anders und traf mich mit ihrer ganzen Wucht. Hatte ich nach meinem Besuch im vorigen Jahr noch geglaubt, dass meine Rückkehr kein allzu großes Problem darstellen würde, musste ich mir meinen Irrtum nun vollkommen eingestehen.

Im Nachhinein würde ich diese Zeit als Momente eines Kulturschocks bezeichnen. Alles fühlte sich minimal anders an, als ich es zu kennen gemeint hatte, setzte sich noch schneller, als ich mich versehen konnte, zu einem bedrohlichen Mosaik zusammen, welches sich lediglich mir zu offenbaren schien.

Ob ich wollte oder nicht: Ich hatte mich verändert und wusste nun nicht mehr, wer ich war oder gar sein wollte, und wann immer ich dieses Thema aufkommen ließ, war es mir, als ob ich vollends allein war, allein mit mir selbst und meinen Gedanken sowie Gefühlen. Bisweilen brachten mich die kleinsten Banalitäten zum Wahnsinn, ließen mich, als eigentlich sehr ruhigen Menschen, in einem erhitzten Gemüt zurück.

Ich fühlte mich an mein damaliges Heimweh erinnert, wobei ich in diesen Augenblicken ein Land vermisste, welches mich lediglich für eine vergleichsweise kurze Zeitspanne durch mein Leben begleitet hatte. Es erging mir schlecht, und der Umstand, dass Anna und ich uns trotzdem kaum zu sehen vermochten, ließ es ebenso nicht besser werden. In dieser Zeit arbeitete ich viel und hart, aber es gab mir einen gewissen Sinn und unterband darüber hinaus den großen Gedankenflug, den ich seit meinem Aufenthalt im Süden bisweilen so fürchtete.

Selbst meine neue Bonner Wohnung, sogar deutlich schöner als die ehemalige, ließ mich schließlich mein altes Leben missen. Das eigentlich wohlklingende Klavierspiel meiner Nachbarin trieb an mancherlei Tagen eine mir ungewohnte Wut in mir hoch. Ich sprach viel mit Adolf – zutiefst dankbar dafür, einen so guten Freund an meiner Seite zu haben. Stets wenn sich die Möglichkeit bot, Hedwig einen auch nur kurzweiligen Besuch abzustatten, ergriff ich diese, und es tat mir sehr gut. Anna war, wie ich aus ihren Briefen wusste, äußerst besorgt um mich.

Was mir in jener Zeit am meisten Kraft schenkte, war der

unverbesserliche Glaube wie die Hoffnung, dass sich alles zum Besseren wenden würde.

Wie ich Monate später feststellte, hatte ich damit recht behalten.

Kapitel 11

1961

Ich saß im Zug nach Kiel und die Bewegungen wie das Rattern steigerten meine Nervosität nur noch weiter. Ich hasste Züge, waren sie doch ungemein eng, und saß man in ihnen wie in einer Falle, aus der man im ungünstigsten Fall ohne das eigene Leben herauskam. Aber immerhin – sofern alles gut ging – würde ich Anna endlich wiedersehen und dieses Mal bedeutete das auch, dass ich ihre Familie treffen würde.

Und eben genau dies – trotz aller Freude – bereitete mir solches Unwohlsein. Insbesondere deswegen hatte eine äußerste Unruhe meinen Geist ergriffen, und mir nichts, dir nichts stiegen die Erinnerungen an meine letzte Vorstellung empor, welche ich alsbald beiseite rückte, trugen sie doch so vieles Trauriges mit sich. Ich wollte nicht an damals zurückdenken, auch nicht an die schönen, nun getrübten Momente.

In Gedanken gefangen, unfähig auch nur ein wenig Schlaf zu finden, brachte ich den Rest der Fahrt zu.

Vom Bahnhof holte mich Anna mit ihrem Wagen ab – ein kleiner, schwarzer, in die Jahre gekommener Volkswagen, der uns jedoch verlässlich zum Hause ihrer Eltern brachte; die kleine Reise dauerte länger, als ich erwartet hatte.

Sowie ich nun dem Gefährt entstieg und mit Anna an meiner Seite die Einfahrt hinauf schritt, wurde mir vollends flau im Magen. Anna griff meine Hand, wusste sie doch um meine Sorgen gegenüber der bevorstehenden Zusammenkunft.

Wir traten ein und wurden kurz darauf von ihren Eltern, ihrer Schwester wie deren Freund empfangen.

„Ich heiße Rosa“, stellte sich die Mutter vor und zeigte auf den älteren der beiden Herren: „Und das ist Joseph.“

„Ich bin Margarete“, erklärte Annas Schwester, die ihr wie aus dem Gesicht geschnitten schien, nur lediglich ein paar wenige Jahre älter.

„Und ich heiße Karl“, beendete ihr Freund die Runde und lächelte warmherzig.

„Setz dich, Hermann“, sprach Annas Mutter, gerade als ich mich vorstellen wollte und brachte mich hiermit vollkommen aus der Fassung.

Die Worte im Munde stecken bleibend, ließ ich mich sinken und ein jeder begann, ein wenig über sich zu erzählen. Nach einer Weile begann die Anspannung, aufgrund der ungewöhnlichen Offenheit sowie Leichtigkeit der Unterhaltung, von mir abzufallen. Anna und ich saßen nebeneinander, die Hand der anderen Person haltend. Ich lauschte aufmerksam und schließlich wagte ich es auch von mir selbst, von meinen Eltern, meiner Kindheit zu erzählen. Sie alle waren äußerst freundlich und es schien mir, dass ich sie vergleichsweise schnell in mein Herz schließen würde.

„Hast du eigentlich Geschwister, Hermann?“, fragte Annas Vater, nachdem er den Tee für unsere kleine Gesellschaft serviert hatte.

„Nein. Meine Eltern wollten lediglich ein Kind haben“, erwiderte ich und konnte mich eines Grinsens nicht erwehren.

Annas Eltern nickten.

Die Unterhaltung wandte sich anderen Themen zu und ich erfuhr, dass Margarete und Karl in absehbarer Zeit zu heiraten gedachten, dass Joseph noch immer dann und wann an einer Verletzung am Bein litt, und dass Rosa für ihr Leben gern strickte. Irgendwann dann gingen wir zum Abendessen über und nachdem wir geendet hatten, zogen wir beide uns auf Annas Zimmer zurück, durch das sich ein großes Regal, angefüllt mit geordneten Bücherreihen, erstreckte. Voller Bewunderung betrachtete ich die Werke und Autoren: Brecht, Hauptmann, Sophokles, Schnitzler, Hesse, Tennessee Williams, natürlich Ibsen sowie viele weitere.

„Deine Mutter hat einen wirklich schönen Namen“, sprach ich einer plötzlichen Eingebung folgend, noch immer den Blick auf die vielen Bücher geheftet.

„Meine Großeltern waren große Verehrer von Rosa Luxemburg“, erklärte Anna, und ich konnte das Lächeln in ihrer Stimme mitschwingen vernehmen.

Als ich mich nach einer Weile von den Büchern zu lösen vermochte, stellte ich erstaunt fest, dass sich lediglich ein einziges Bett in der Ecke befand. Anscheinend musste mein Blick meine Irritation verraten haben, denn Anna erklärte sich sofort: „Es ist in Ordnung so.“

Verlegenheit über diesen eigentlich natürlichen und auch schönen, nun jedoch entfremdeten Augenblick stieg in mir auf. Ich stellte meine Tasche ab und drückte Anna einen Kuss auf den Mund.

*

Der folgende Tag begann zunächst vielversprechend, doch dann ereilte uns die Nachricht des Mauerbaus; all unsere, wohlgemerkt wenigen, Hoffnungen auf ein vereinigtes Deutschland waren mit einem Male in eine Vielzahl an Scherben zersplittert. Schockiert sowie frustriert blieben wir in Gedanken zurück und beschlossen schließlich einen gemeinsamen Spaziergang zu tätigen.

Langsam schritten wir zu sechst durch das flache Land, an Salzwiesen und Schilfhalmen vorbei und ich erfreute mich letztendlich doch noch sehr an der mir ungewöhnlichen Natur. Ich unterhielt mich ein wenig mit Margarete wie Karl und erfuhr hierbei, dass er Bankier, sie Gymnasiallehrerin war. Später dann schlenderten Anna und ich, Arm in Arm, ein Stückchen vor den anderen her – aber dennoch weit genug, dass sie unseren Gesprächen nicht lauschen konnten.

„Meine Eltern haben mich gefragt, wann wir heiraten“, erzählte ich belustigt.

„Und was hast du ihnen gesagt?“

„Die Wahrheit, dass wir derzeit nicht einmal wissen, ob wir

überhaupt heiraten möchten“, erwiderte ich.

„Und wie haben sie reagiert?“, fragte Anna grinsend.

„Sie finden es nicht sonderlich schön, aber respektieren unsere Entscheidung“, antwortete ich.

„Das ist schön“, sprach Anna und wir schwiegen, betrachteten die Landschaft.

„Bist du eigentlich gläubig?“, fragte sie nach einer Weile. „Ich habe dich noch nie darüber sprechen gehört.“

„Gläubig oder religiös?“

„Gläubig. Ich bin mir ziemlich sicher, dass ich davon wüsste, wenn du religiös wärst“, entgegnete sie und blickte mich mit jenem gewinnenden Grinsen an, welches sie in solchen Momenten zu tragen pflegte.

„Religiös bin ich definitiv nicht“, pflichtete ich ihr bei und fuhr fort, „abgesehen von Weihnachten gehe ich nur in die Kirche, wenn es sich nicht vermeiden lässt.

Ob ich gläubig bin, weiß ich nicht; das ist ein sehr kompliziertes Thema für mich. Ich glaube nicht an Gott und habe meine Probleme mit der Kirche als religiöse Instanz zwischen den Menschen und Gott selbst. Viele Lehren missfallen mir auch. Ich denke, dass wir für uns selbst verantwortlich sind und deshalb keine Religion in dieser Welt benötigen. Aber es gibt Momente, in denen ich das Gefühl habe, dass da etwas ist, und das, obwohl ich nicht an das Übernatürliche oder das Schicksal glaube. Aber wie ich es dann im Endeffekt benenne, ist egal. Und Religionen sind auch nur von Menschen selbst geschaffen, weshalb sie diesbezüglich auch keine Rolle spielen. Mir helfen sie damit nicht weiter.“

Ich blickte Anna an, die lediglich nickte. „Und wie sieht es bei dir aus?“

Sie überlegte kurz. „Religiös würde ich mich definitiv nicht nennen, aber gläubig schon. Ich brauche nicht die Kirche oder die Religion als solches selbst. Wenn ich bete, sind dies für mich bloß leere Worte und ich besuche, genauso wie du, nur den Gottesdienst, wenn ich es nicht vermeiden kann. Und obwohl ich nicht an den Gott glaube, denke ich dennoch, dass da etwas ist.

Ich habe einfach meinen persönlichen Glauben gefunden, unabhängig vom Christentum“, erklärte Anna und lächelte.

„Wenn wir schon bei diesen Themen sind: Glaubst du an ein Leben nach dem Tod?“, ging ich in den nächsten Punkt über.

Sie überlegte kurz, wie um ihre Worte zu sammeln, bevor sie antwortete: „Natürlich finde ich die Vorstellung des Lebens nach dem Tod anziehend und faszinierend, aber dennoch glaube ich nicht daran. Ich denke, dass es nichts gibt und all die Ideen einer riesigen Angst vor dem Sterben entspringen. Und ich frage mich, was die Alternative wäre.“

Sie blickte mich fragend an.

„Ich wünsche mir, dass es etwas gibt, aber trotzdem glaube ich nicht daran. Genauso wie du denke ich, dass die meisten Menschen eine riesige Angst vorm Sterben haben. Und außerdem versuchen die Menschen seit Jahrtausenden schon, dem Leben einen Sinn einzuhauchen; da muss der Tod ja schrecklich erscheinen. Ohne diese Punkte würden wir uns wahrscheinlich gar keine Gedanken darüber machen und unser Leben einfach genießen“, erklärte ich.

Anna pflichtete mir bei, bevor sie erwiderte: „Ich denke, dass das Leben nach dem Tod irgendwann einfach nur noch grauenhaft wäre. Ich meine, es wäre nichts anderes als Unsterblichkeit, und das kann ich mir für *immer* nicht schön vorstellen … Es ist schon merkwürdig, dass wir trotzdem so sehr darauf hoffen.“

Ich nickte.

„Und wozu sollte es ein Leben nach dem Tod geben, wenn es damit ja wie Unsterblichkeit wäre? Damit würde sich die Frage stellen, weshalb wir nicht von Anfang an für immer und ewig leben? Außerdem würde dem Tod damit jeglicher Sinn genommen werden“, führte ich ihre Überlegungen weiter aus.

„Somit kann es kein Leben nach dem Tod geben“, erklärte Anna und klatschte, wie vor Freude in die Hände, bevor sie hinzufügte: „Ich glaube, die Menschen wissen einfach tief in ihrem Inneren, dass nach dem Tod nichts mehr kommt. Und deshalb gibt es so viele Vorstellungen von einem Leben danach … das ist alles so irrational.“

„Das erklärt auch, weshalb die Leute auf Beerdigungen immer so unfassbar traurig sind“, ergänzte ich.

„Vielleicht liegt es auch daran, dass sie einen Menschen, der ihnen etwas bedeutet hat, verloren haben und wissen, dass sie ihn vorerst nicht wieder sehen werden. Das muss nichts mit dem möglichen oder unmöglichen Leben nach dem Tod zu tun haben. Die andere Person ist nicht mehr bei uns und kann auch nicht mehr an unserem Leben teilnehmen. Wir wissen, dass noch so viele Erinnerungen entstehen werden, von denen sie niemals ein Teil sein werden“, warf Margarete urplötzlich ein und ließ uns beide überrascht zurück, hatten wir sie doch nicht sich uns nähern gehört.

„Deshalb hasse ich Beerdigungen. Die Leute sehen nur noch das Negative, anstatt sich an das Schöne zu erinnern. Außerdem muss jeder von uns irgendwann einmal sterben. Auf mich wirkt es immer so, als ob allen plötzlich wieder einfallen würde, dass wir ja sterblich sind“, sprach ich und Anna nickte.

„Wie würdest du dich denn gerne beerdigen lassen?“, platzte es im nächsten Augenblick aus ihr heraus, vollkommen vergessend, dass sich ihre Schwester just in das Gespräch eingebracht hatte.

„Ich würde mich verbrennen lassen – dann ist das Grab wenigstens kleiner“, erwiderte ich augenblicklich und grinste.

Anna lachte leise und ich fuhr fort: „Ich weiß nicht, welchen Sinn ein großes Grab haben sollte. Abgesehen davon ist es mir an sich viel wichtiger, dass meine Angehörigen und Freunde nicht allzu traurig sind. Deshalb würde ich mir wünschen, dass sie ihren Spaß haben und es eine große Feier gibt. Aber ich glaube nicht, dass das geschehen wird. Es wäre viel zu unkonventionell und als Toter habe ich leider nicht viel mitzureden."

Sobald ich geendet hatte, begann Anna, munter ihre eigenen Vorstellungen auszuführen: „Ich wünsche mir, dass man mich verbrennt und meine Asche verstreut, am liebsten in den Bergen. Dann würde ich der Natur wenigstens etwas zurückgeben. Außerdem verstehe ich nicht ganz den Sinn von Gräbern. Es ist ein Ort, um an die Toten zu denken, aber braucht man wirklich einen Ort dafür?"

Unsere Unterhaltung verlief noch weiter in dieser Richtung sowie schließlich in jene Themen, die sich anschlossen, und wären wir nicht irgendwann zurückgekehrt, wären wir scheinbar niemals zu einem Ende gekommen.

Kapitel 12

1962

Es fühlte sich anders an und obwohl ich noch immer viel für Anna empfand, hatten sich meine Gefühle geändert. Die letzten Wochen hatte ich viel nachgedacht, doch die nun verbrachten Tage hatten meine wachsenden Zweifel bestätigt und mir die vernichtende, traurige Erkenntnis gebracht.

Es war kurz nach Neujahr, Kopenhagen, ein gemeinsamer, wundervoller Urlaub. Alles schien perfekt, aber wusste ich, dass dem nicht so war und ich das Gespräch suchen musste. Dies alles belastete mich aufs Äußerste und ich fürchtete mich zutiefst davor, dass es das Ende sein, ich sie für alle Ewigkeit verlieren würde.

Nach Italien hatten wir uns selten gesehen und dennoch hatte ich mich stets sehr gefreut, wann immer wir uns hatten treffen können, aber war es irgendwann dann nicht mehr wie früher gewesen. Es hatte sich schlichtweg nach und nach klammheimlich das Gefühl von Liebe entfernt.

Was geblieben war, war die Leere, und irritiert fragte ich mich nun, was geschehen war, wann ich womöglich einen Fehler begangen hatte.

Doch es schien keinen zu geben.

Traurig musste ich mir eingestehen, dass die Zeit einfach an mir vorbei geflossen war, mich mitgerissen hatte, ohne dass ich es bemerkt hatte.

Vielleicht war es zu perfekt gewesen. Wut, Trauer und Verzweiflung stiegen in mir auf, wann immer ich an den vergangenen Lauf der Ereignisse dachte. Ich hatte einen so wunderbaren Menschen gefunden, und nun schien alles mir nichts, dir nichts zu zerbrechen, ohne dass ich auch nur irgendetwas tun konnte.

*

Aus taktischen Gründen suchte ich das Gespräch erst zum Ende. Es war Abend und wir ließen uns auf einem der Bänkchen nahe dem Wasser, von denen es so vielerlei gab, nieder. Wir erlaubten es der Stadt, unserer geballten Umgebung, auf uns zu wirken.

„Anna, ich muss mit dir reden", begann ich vorsichtig.

Sie blickte mich an – ein Blick, der sich mir jeglicher Deutung entzog. Mein Mund schien binnen kürzestem einer unnatürlichen Trockenheit anheimgefallen zu sein. Wie um Zeit zu gewinnen oder der geistigen Zerstreuung wegen, strich ich über meine Wolljacke, die mir Rosa zu Weihnachten gefertigt hatte, und erst nun wurde mir die tragische Komik dieser Koinzidenz' bewusst.

„Anna, du bedeutest mir wirklich viel. Du bist einer der großartigsten Menschen, die ich bisher kennen lernen durfte. Ich habe die letzten Tage genossen, aber dennoch …"

„Es ist gut, Hermann", unterbrach sie mich, und für einen kurzfristigen Moment war mir, als ob mein Herz vergessen hatte, einen Schlag zu tun.

Als sie wieder zu sprechen begann, fühlte es sich wie jenes unangenehme Gefühl an, wenn sich im Winter die erkalteten Glieder von Neuem erwärmen.

„Ich weiß, was du sagen möchtest, Hermann. Du bedeutest mir auch wirklich viel, aber … meine Gefühle haben sich geändert." Sie tat eine Pause und schien Luft zu holen. „Ich liebe dich nicht mehr."

Ich benötigte einen Augenblick, um ihre Worte zu realisieren, und dann schwappte die Erkenntnis über mich hinweg. Nimmer hätte ich gedacht, dass mich jene Worte einmal so glücklich stimmen würden, und hätte jemand mir dies zuvor gesagt, hätte ich diese Person der vermaledeiten Lüge bezichtigt.

„Ich liebe dich auch nicht mehr. Ich bin gerne mit dir gemeinsam unterwegs, aber es fühlt sich einfach nicht mehr wie früher an“, erwiderte ich erleichtert, doch merkte ich nun, wie allmählich eine gewisse Verbitterung aufstieg und sich ihren Weg ans Licht bahnte.

Wir schwiegen. Ich selbst wusste nicht, was ich sagen sollte. Ich suchte ihren Blick, doch sie starrte nach vorne, ins Leere wie mir schien. Wir waren uns so nah und zugleich so fern.

„Anna, ich möchte dich nicht verlieren. Du bedeutest mir nach wie vor sehr viel, nur … dass ich dich nicht mehr liebe“, begann ich mit zitternder Stimme.

„Ich will dich auch nicht verlieren“, erklärte Anna und wie sie mich nun anblickte, erkannte ich, dass sie große Tränen in den Augen trug.

Und in diesem Moment schlossen wir die Arme umeinander. Es überkam mich und nun begannen, auch mir die dicken Tropfen nur so das Gesicht herab zu rinnen.

„Warum hätte es nicht so bleiben können?“, sprach Anna mit bebender, leiser Stimme. „Alles … war so gut, so perfekt!“

„Wir werden Freunde bleiben“, erwiderte ich und begann zu schluchzen, nachdem ich geendet hatte. Es war mir, als ob sich all das, was ich die verstrichenen Wochen mühselig zurückgehalten hatte, mit einem Male bahn brach.

„Ja, wir werden Freunde bleiben. Ich will nicht, dass wir uns wegen all dem verlieren“, brachte Anna hervor.

Unsere Körper pressten sich scheinbar wehrlos aneinander und keiner schien die andere Person loslassen zu wollen.

„Aber was ist, wenn es für immer zwischen uns stehen wird? Was ist, wenn sich unsere Freundschaft niemals davon erholen wird?“, fragte Anna, zog ihr Gesicht vor das meinige und blickte mich aus ihren verweinten Augen ernst an.

„Wir haben keine andere Wahl, als es zu versuchen.“

„Ja“, flüstere sie traurig.

Ermattet ließ ich meinen Kopf auf ihre Schulter sinken.

„Wir werden uns wiedersehen.“

Wir saßen noch eine Weile dort, gefangen in der Umarmung

als Freunde, gefangen in unseren düsteren, tosenden Gedanken.

Zweiter Teil

1963-1995

Kapitel 1

1963

Trotz all der Versprechungen benötigte es mehr als ein volles Jahr bis wir uns wieder trafen. Die gesamte Zeit über hatten wir uns, jedoch nicht so rege wie früher einmal, Briefe geschickt, aber dennoch hatte niemand den ersten Schritt wagen wollen, wie es mir schien. Schließlich verschlug es mich der Arbeit wegen zu einem Seminare nach Kiel, womit sich jeglicher Grund, ein mögliches Wiedersehen noch länger hinauszuzögern, verlor.

Nach dem letzten Tage eilte ich, in Gedanken versunken sowie aufgeregt, zum Hafen hin, wo wir uns wiedersehen würden. Ironischerweise stahlen sich nun die Erinnerungen an unser erstes Treffen vor einigen Jahren hervor, wirbelten in meinem Geist umher, ließen die alten Gefühle auferstehen und vermischten sich mit den neuen; vollends verwirrt blieb ich zurück.

Wie ich so auf die bevorstehende Zusammenkunft gerichtet rasch dahin schritt, fühlte ich mich wie damals, und für einen kurzen Augenblick fragte ich mich, ob ich mir nicht die Handlung der zuletzt verstrichenen Jahre lediglich in einem schönen Traum erdacht hatte. Kopfschüttelnd – was sich wohlgemerkt für die Übrigen äußerst merkwürdig anmuten musste – schob ich dies alles beiseite und versuchte, mich auf den Moment zu konzentrieren.

Als ich schließlich den Hafen erreichte, war Anna bereits angekommen.

Sie entdeckte mich schon von Weitem, rief mir zu, als ich sie noch gar nicht erblickte hatte.

Ich schlenderte in ihre Richtung und kam vor ihr zum Stehen; wir umarmten uns herzlich, lösten uns voneinander und betrachteten uns für einen kurzen Augenblick. Ihr Kleidungsstil war modisch, wie stets schön anzusehen, und, abgesehen von einer seichten Veränderung in der Frisur, hatte sich ihre äußere Erscheinung keinem Wandel ergeben müssen, war ja lediglich ein knappes Jahr vergangen.

„Seit wann hast du einen Bart?“, fragte Anna ein klein wenig belustigt.

„Seit etwa zehn Monaten“, erwiderte ich, während meine Hand durch das dunkle Haar fuhr.

„Der Vollbart steht dir aber wirklich gut“, erklärte sie mit einem Lächeln, welches ich erwiderte.

Wir begannen, am Wasser entlang zu flanieren, dabei die angelegten Schiffe wie Boote betrachtend, und unterhielten uns darüber, was so alles geschehen war. Ich erfuhr, dass Margarete und Karl geheiratet hatten, ihr Sohn Lars vor kurzem dann, nach sieben Monaten, zur Welt gekommen war und Anna es nebst der Tante zur Patin gebracht hatte. Des Weiteren arbeitete sie inzwischen für eine andere Kanzlei, immer noch in Kiel, wo sie auch endlich seit etwa zwei Monaten lebte. Ich selbst erzählte ihr, dass man mich befördert hatte, ich nun der Leiter einer kleinen Abteilung war, die sich hauptsächlich auf die Arbeit mit italienischen Behörden wie auch den Italienern in Deutschland konzentrierte. Darüber hinaus sprach ich noch von Maria und wie sehr sie sich innerhalb von so kurzer Zeit wieder verändert hatte, wie es in diesem Alter schließlich normal war.

„Hedwig hat mir zu Weihnachten wieder eine Karte geschickt“, sagte Anna mit einem Grinsen auf den Lippen.

Ich lächelte. Hedwig blieb eben Hedwig.

Ich erzählte noch ein wenig von ihr und Heinrich, erklärte, wie es meinen Eltern erging, und fragte nach Rosa und Joseph.

„Den beiden geht es ebenfalls gut“, erwiderte Anna.

Wir bogen Richtung Innenstadt ein und begannen, uns ganz so wie früher zu unterhalten. Unser Gespräch wand sich mal hierhin, mal dorthin, und ich war zutiefst erleichtert, geradezu erfreut über das Fehlen jeglicher Beklemmung; es fühlte sich locker und natürlich an.

„Warum haben wir eigentlich so lange gebraucht, um uns wieder zu sehen?“, warf Anna schließlich nachdenklich in den Raum und ließ sich dabei auf eine Bank nieder.

„Ich weiß es nicht. Von mir selbst vermute ich, dass ich unterschwellig schlichtweg Angst hatte, herauszufinden, wie es sein würde, wenn wir uns wieder treffen“, erwiderte ich, setzte mich neben sie und überlegte kurz, bevor ich fortfuhr: „Ich wusste einfach nicht, wann es der richtige Zeitpunkt sein würde, dich zu fragen, ob wir uns treffen sollen. Mehrmals habe ich überlegt, dich einzuladen, aber jedes Mal habe ich es mir dann doch anders überlegt.

Aber nun haben wir uns endlich mal wieder getroffen und das Eis ist damit hoffentlich gebrochen.“

Anna lachte kurz auf. „Mir erging es auch nicht viel anders. Ich wollte dich nicht nerven oder im schlimmsten Falle belästigen. Ich wusste einfach nicht, wie ich mich dir gegenüber verhalten sollte. Zwischenzeitig habe ich sogar versucht, aus deinen Briefen zu lesen, welche Haltung du zu all dem hast, aber das hat mir auch nicht weitergeholfen“, erklärte sie – nun mit einem Grinsen.

„Dann haben wir ja wirklich Glück gehabt, dass mich meine Arbeit hierhin verschlagen hat“, postulierte ich mit einem breiten Lächeln auf den Lippen.

„Ja“, erwiderte sie lediglich und für einen Moment kehrte unser altbekanntes, angenehmes Schweigen zwischen uns ein.

Dann begannen wir, uns über Literatur zu unterhalten und ich erzählte ihr voller Freude, dass ich, mich einer ihrer Empfehlungen erinnernd, vor etwa drei Monaten *Der gute Mensch von Sezuan* gelesen hatte. Wir verloren uns in unserer Unterhaltung und schließlich brach die Dunkelheit und damit die Nacht über uns herein. Das Bänkchen hinter uns lassend, traten wir den Weg zu einem in der Stadt allseits bekannten Lokale an und hiernach wandelten wir zu ihrer Wohnung hin, die nicht allzu weit vom Zentrum lag. Sie war größer als die alte, ausreichend für eine Person und ordentlich.

Zufrieden wie schon seit langem nicht mehr dämmerte ich in meine Träume hinein.

Kapitel 2

1964

Ich war zu einem deutsch-italienischen Seminare nach Mailand gereist. Der gesamte Akt dauerte eine Woche, doch genoss ich trotz der vielen Anstrengungen meine Zeit, war es schließlich meine erste Rückkehr nach etwa drei Jahren.

Vom ersten Tage an schien mir alles vertraut zu sein und ich fühlte mich, einem kleinen Kinde gleich, in mein damaliges Leben zurückversetzt; dennoch ergaben sich die ein oder anderen Nuancen, die mich erinnern ließen, dass auch hier – ohne mich – die Zeit weiter verstrichen war.

Morgens und nachmittags hörten wir Reden, debattierten in Länder- und gemischten Kleingruppen, trugen Ergebnisse zusammen und debattierten von Neuem. Die Zusammenarbeit ließ kaum zu wünschen übrig und an fast jedem Abend ließ ich mich erschöpft, aber dennoch zufrieden mit unserem Tagewerk, ins Bett sinken.

An einem der Tage, es muss wohl der Dienstag gewesen sein, stieß ich in der Cafeteria mit einer meiner italienischen Kolleginnen zusammen. Ich war gerade im Rückwärtsgehen begriffen, als sie, aus dem seitlichen Gange kommend, mit mir zusammenprallte. Wir beide gingen zu Boden, jeweils in unserer Landessprache eine Reihe von Flüchen ausstoßend.

„Entschuldigung. Alles gut bei Ihnen?“, fragte ich sie, während ich mir die Schulter hielt und mich ein wenig benommen aufrichtete.

„Es könnte schlimmer sein … Entschuldigung, ich habe Sie einfach nicht gesehen“, erwiderte sie, während ihre Hand auf ihrem Kopfe lag. „Aber lassen Sie uns trotzdem etwas zum Kühlen holen“, fügte sie hinzu, und gesagt, getan, begaben wir uns auf die kurze Suche, die bereits wieder am Kühlschrank endete.

Wir nahmen das Gesuchte heraus und, unsere Verletzungen kühlend, standen wir schweigend da. Ich betrachtete die Frau, die ich zu Boden gehen lassen hatte. Wir hatten, abgesehen von allgemeinen Höflichkeiten sowie des professionellen Austausches, seit Seminarbeginn keine Worte gewechselt. Sie war klein, hatte tiefschwarzes, langes Haar und einen dunklen Teint, der sie jedoch im Vergleich zu vielen anderen ihrer Landsleute eher schon bleich erscheinen ließ.

„Ich heiße übrigens Lucrecia Salvari", erklärte die Frau, während sie mir die Hand entgegen reckte. „Und wie lautet ihr Name?"

„Ich heiße Hermann Mahrt", erklärte ich und schüttelte ihr die Hand. „Nochmals Entschuldigung für den kleinen Unfall."

„Nicht so schlimm. Im Gegensatz zu Ihnen hatte ich die Augen nach vorne gerichtet und hätte sie bemerken sollen. So ist es eigentlich mein Fehler", entgegnete Lucrecia.

Die Glocke ertönte und verkündete wie stets, dem Unheile gleich, das Ende der allzu kurz erscheinenden Pause.

Von diesem Tage an unterhielten wir uns immer häufiger, sie stets auf Deutsch und ich auf Italienisch. Wir kamen gut miteinander aus, nicht mehr, nicht weniger, und so manch einer meiner Kollegen munkelte, dass wir uns deutlich besser als nur gut verstanden, worüber wir uns beide zutiefst belustigten.

Die Zeit verstrich und am vorletzten Abend gingen wir gemeinsam essen.

„Weder deutsch noch italienisch", hatte Lucrecia gesagt und ich hatte ihr mit Freude beigepflichtet, weshalb wir uns in einem französischen Restaurant wiederfanden.

Wir bestellten und unsere Konversation, die sich das erste Mal nun nicht um unsere Arbeit drehte, nahm ihren Lauf.

Sie erzählte mir, dass ihre Mutter Deutsche war, weshalb sie meine Muttersprache auch von Kindesbeinen an gelernt hatte. Des Weiteren erfuhr ich, dass sie, zu meiner großen Überraschung, drei Jahre älter war als ich; sie hatte mir immer den

Anschein erweckt, mindestens zwei Jahre jünger zu sein. Ich selbst sprach von meiner Zeit in Florenz, wodurch sich unser Gespräch innerhalb kürzester Zeit Dante zuwandte, wobei wir zuvor noch von der Schönheit der Stadt schwärmten. Von Dante führte unser Gespräch, fast schon wie von selbst, zu anderen Schriftstellern und Lucrecia erklärte mir, dass sie nebst ihrer beider Muttersprachen noch fließend Englisch, Französisch und Spanisch beherrschte. Im Gegenzug erzählte ich ihr Anekdoten, wie mir mein Vater Englisch beigebracht und später dafür gesorgt hatte, dass ich Französisch hatte erlernen können. Schließlich begannen wir, über Politik zu sprechen, wanderten von da aus zu der Geschichte weiter, die unser beider Länder in diesem Jahrhundert leider allzu sehr verbunden hatte, und von da aus ging es zu den aktuellen Geschehnissen.

„Nun habe ich viel über die prekäre Lage Italiens gesprochen: aber wie sieht es in Deutschland aus?“, fragte Lucrecia.

„Die jungen Menschen, gerade die Studenten, lehnen sich gegen die bestehenden Gesellschaftsverhältnisse auf. Ich für meinen Teil finde, dass unsere Gesellschaft in der Vergangenheit festhängt. Beispielsweise ist es immer noch möglich, dass ein Ehemann die Arbeit seiner Ehefrau kündigt. Neben solchen Gesetzen gibt es allgemein noch so viele konservative Wertvorstellungen, die sich weiterhin halten. Abgesehen von diesen, meiner Meinung nach wirklich traurigen, Verhältnissen sind viele junge Menschen auch sehr aufgebracht über unsere Beziehung zu unserer eigenen Vergangenheit. Der Zweite Weltkrieg und das Dritte Reich, alles, was dazu gehört, wird meiner Meinung nach nicht wirklich verarbeitet. Und viele Personen, die in der damaligen Zeit Verbrechen begangen haben, sitzen immer noch, vollkommen unbehelligt, in hohen Positionen“, erklärte ich.

„Wirklich? Also eine Person, die zum Beispiel dafür gesorgt hat, dass systematisch eine Vielzahl von Juden deportiert wurde, führt heute einfach so, ganz normal ihre Arbeit weiter?“, fragte Lucrecia ungläubigen Blickes.

„In vielen Fällen leider ja“, erwiderte ich traurig. „Und darüber sind sehr viele junge Leute äußerst wütend. Es wird geschwiegen ...“, führte ich weiter aus, genoss einen Schluck Wein, um mir einen Moment zum Nachdenken zu nehmen.

„Meine Eltern haben mir, abgesehen von den Schrecken, die der Krieg zu ihnen nach Hause gebracht hat, nie viel von ihm selbst erzählt. Abgesehen davon, dass mein Vater an der Ostfront gekämpft hat, neunzehnfünfundvierzig im Oktober heimgekehrt ist, weiß ich bis heute nicht, was sie in dieser Zeit genau getan haben“, gab ich zu.

Ich schwieg und musste erst einmal meine Gedanken ordnen, hatte ich noch nie so frei heraus gesprochen. Eine alte, dunkle Besorgnis über die Vergangenheit meiner eigenen Familie stieg wieder in mir hoch und verdunkelte mein Gemüt; ich versuchte, mir nichts anmerken zu lassen. Dennoch: Lucrecia sah mich, Mitleid in ihren Augen spiegelnd, an.

Wir wandten uns anderen, froheren Themen zu und irgendwann dann gelang es, unsere verloren gegangene Heiterkeit wiederzufinden.

Es war ein wirklich schöner Abend, doch alles hat ein Ende und schließlich stellte man uns die Rechnung. Ich zog mein Portemonnaie hervor, um den meinigen Teil zu begleichen, als sie eine abweisende Bewegung mit ihrer Hand tat.

„Ich bezahle. Wir sind in meinem Land und du bist ein Gast“, sprach Lucrecia und legte mehrere Scheine in das Etui, welches hierfür vorgesehen war. Als ich protestieren wollte, wehrte sie ab und erwiderte lediglich: „Wenn wir in Deutschland wären, würdest du es genauso machen.“

Als ich ihr entgegnete, dass dem eigentlich nicht so war, mein Portemonnaie schon erneut gezückt, stand Lucrecia einfach auf, schlenderte an den Tresen und reichte dem Kellner das Etui.

„Stimmt so“, konnte ich ihre Stimme leise vernehmen.

Ich saß noch immer am Tisch, als sie mir im nächsten Moment zusprach: „Komm, Hermann. Wir können gehen."

Geschlagen erhob ich mich, sprach Lucrecia meinen Dank aus und trat mit ihr nach draußen in die angenehm warme Nachtluft; ich konnte nicht anders und musste einfach über die Ereignisse breit grinsen.

„Was ist so lustig", fragte Lucrecia.

„Ich fand die ebige Situation schlichtweg amüsant", antwortete ich und sie erwiderte mein Grinsen.

Es war spät und wir nahmen ein Taxi zum nicht allzu weit entfernt liegenden Hotel, in dem alle Seminarteilnehmer untergebracht waren. Die Fahrt bezahlte ich, so schnell, dass Lucrecia nichts dagegen tun konnte. Wir entstiegen dem Fahrzeug, sie ein wenig murrend, und traten ins große Gebäude ein. Es ging durch das Foyer zu den mir missliebigen Aufzügen hin und nachdem wir uns zu später Stund nur zu zweit in einen hinein begeben hatten, stellten wir überrascht fest, dass wir auf derselben Etage wohnten. Dort angekommen schritten wir den Flur entlang und Lucrecia hielt schließlich bei Zimmernummer 325 an, schloss die Tür auf.

„Gute Nacht, Lucrecia", sprach ich.

Sie war bereits eingetreten, hatte eine Lampe angeknipst die kaum gegen die Dunkelheit anzukommen vermochte.

„Hermann, möchtest du nicht noch hereinkommen?", fragte Lucrecia auf einmal und trat in den Türrahmen, ein warmes, unmissverständliches Lächeln auf ihren Lippen.

Die Zeit war mir, als ob sie stehen bleiben würde und ich musste einen Moment über ihre Worte nachdenken. Ich mochte sie und es wäre nichts dabei gewesen, den einen Schritt nach vorne zu wagen. Ich hatte so etwas in meinem bisherigen Leben nie getan, hatte auch nicht aktiv nach dieser Erfahrung gesucht. Lucrecia war attraktiv, und egal was auch in diesem Zimmer geschehen würde: wir würden uns bald, aller Voraussicht nach, nimmer wiedersehen. Nichts sprach dagegen, hielt mich auch keinerlei emotionale Bindung zurück und dennoch zögerte ich. Wie sie da im Halblicht stand, erinnerte mich ihr Bild an Anna. Nicht, dass sie ihr ähnlich gewesen wäre, aber irgendetwas war da, das sie wie die italienische Ausgabe Annas scheinen ließ.

„Nein, danke. Ich bin wirklich müde“, antwortete ich höflich.

„Gute Nacht, Hermann“, erwiderte Lucrecia und ein schwaches Lächeln, vielleicht amüsiert, vielleicht auch wissend, umspielte ihre Mundwinkel.

„Gute Nacht“, sprach ich und setzte mich in Bewegung.

Als ich die Zimmertür hinter mir schloss, ließ ich mich sogleich in mein Bett sinken und der Schlaf übermannte mich schneller, als ich gedacht hatte.

Kapitel 3

1964

Das wunderschöne Wetter genießend brachten wir den Großteil des Tages in einem Bonner Parke zu. Anna war auf der Durchreise und hatte es sich nicht nehmen lassen, einen kurzen Halt einzulegen, bevor sie am nächsten Morgen dann wieder in den Zug steigen würde. Wir hatten ein feines wie kleines Picknick improvisiert und waren mit dem Resultat zutiefst zufrieden, lagen nun, die Bäuche angenehm gefüllt, im warmen Gras und betrachteten das Blätterdach, welches sich über unseren Köpfen ausdehnte.

Wir sprachen von diesem und jenem, gelangten schließlich, wie so häufig, bei der Politik an, und ich erzählte ihr von meiner Unterhaltung mit Lucrecia vor einigen Monaten.

„Unsere Gesellschaft bewegt sich viel zu langsam. So viele Menschen halten noch an sehr alten Wertvorstellungen fest. Aber was mich am meisten stört und inzwischen äußerst beschäftigt, ist, dass kaum jemand über den Krieg oder das Dritte Reich spricht. Ich meine: kaum jemand spricht über diese Zeit, und dass, obwohl sie der Großteil von uns noch erlebt hat; es wird geschwiegen. Ich weiß nicht einmal, was meine Eltern damals getan haben, ob sie mit der NSDAP sympathisiert haben!“, erklärte ich.

„Wenn ich recht überlege, weiß ich auch nicht, was meine Eltern in dieser Zeit gemacht haben, ob sie die NSDAP gewählt haben oder ob sie sich über das Ende des Dritten Reiches gefreut haben. Das Einzige, das ich weiß, ist, dass mein Vater Soldat gewesen ist. Meine Schwester weiß auch nicht mehr als ich, und wir haben uns nie getraut, unsere Eltern zu fragen“, sprach Anna nachdenklich und fügte hinzu: „Es ist schon merkwürdig und ergibt auch nicht viel Sinn, dass wir nicht darüber sprechen.“

Schweigen.

„Anna, selbst wir beide haben uns noch nie über den Krieg unterhalten“, erwiderte ich schließlich, mich hierbei aufsetzend und sie anblickend.

„Stimmt“, erwiderte sie und schob sich an einem Baumstamm nach oben. „In meinem Fall gibt es nicht allzu viel zu erzählen. Wir sind von den eigentlichen Kriegshandlungen größtenteils verschont geblieben. Und als die Briten schließlich kamen, wurde kaum Widerstand geleistet.“

Sie blickte mich fragend an.

Ich musste schlucken, kurz Luft holen, bevor ich zu reden begann. Ich erzählte ihr, wie wir in einem der letzten Bombenangriffe verschüttet worden waren und ich mich, um Hilfe zu holen, aufgrund meiner kindlichen Statur mit weiteren Gleichaltrigen durch das Geröll hatte mühen müssen. „Wahrscheinlich ist dies auch der Grund dafür, dass ich mich an engen oder geschlossen Orten unwohl fühle. Manchmal kommen die Erinnerungen an damals zurück und ich kann den Staub riechen und die Sirenen hören“, erklärte ich, während mein Blick – äußerst konzentriert – das Gras zu meinen liegenden Füßen suchte. „Bis zu diesem Zeitpunkt waren wir nie von den Angriffen betroffen gewesen, weil wir nicht direkt in der Stadt gewohnt haben; deshalb wurde ich nicht auf das Land geschickt. Aber ganz am Ende wurden auch wir zur Zielscheibe. Ständig hörten wir die Sirenen und wir müssten uns in den Kellern oder Bunkern verkriechen. Und immer mussten wir in der Angst warten, dass wir in der Zwischenzeit alles verloren hatten. In dieser Zeit wurde Koblenz fast komplett zerstört.

Ich weiß noch, wie ich eines Tages mit meiner Mutter durch die Trümmer gegangen bin und wir nicht einmal mehr das Haus von Adolfs Familie gefunden haben; alles sah gleich aus. Wir haben so lange gebraucht, uns wiederzufinden, dass wir schon geglaubt hatten, dass sie tot wären“, fuhr ich fort, dabei immer wieder kleine Pausen einlegend. „Mein Vater war in der Zeit an der Ostfront, und was wirklich seltsam ist, ist der Umstand, dass er nie in Kriegsgefangenschaft gewesen ist. Ich meine, so viele Männer waren Gefangene der Russen. Was ebenfalls sehr merkwürdig ist, ist der Umstand, dass er bereits im Oktober neunzehnfünfundvierzig zurückgekehrt ist. Ich weiß bis heute nicht, was in der Zeit nach dem Kriegsende und seiner Rückkehr passiert ist.“ Ich schaute auf in Annas Richtung.

„Vielleicht sollten wir beide mit unseren Eltern sprechen, um endlich zu erfahren, was in dieser Zeit alles passiert ist“, schlug sie sachte mit sanfter Stimme vor, nachdem sie zuvor mehrmals zu sprechen angesetzt hatte, nur um nach ein, zwei Worten wieder abzubrechen.

Es trat ein kurzes Schweigen ein und schließlich nickte ich, fügte nach einer weiteren Pause bei: „Ich glaube, dass ich mich bisher immer viel zu sehr gefürchtet habe, etwas Schreckliches zu erfahren … Aber nun will ich es endlich wissen und es ist mir auch egal, was ich erfahren werde. Ich möchte das Schweigen endlich brechen.“

Anna nickte.

„Ich werde auch mit meinen Eltern sprechen. Wir haben ein Recht darauf, die Wahrheit zu erfahren, und ich will es nun endlich wissen … Ich möchte mich nicht mehr zurückhalten und auch die unangenehmen Fragen stellen“, erklärte sie und für einen Moment schauten wir uns festen Blickes an.

„Hoffen wir mal, dass wir nichts allzu Schlimmes erfahren“, erwiderte ich.

„Das wollte ich gerade sagen.“ Anna sah mich gespielt empört an und begann im nächsten Moment zu lachen. Ich grinste, doch insgeheim stieg die finstere Frage in meinem Geiste empor, ob es nicht einen empörenden, geradezu schauerlichen Grund für das große Schweigen unserer Eltern gab.

Mein Grinsen aufrechterhaltend wandten wir uns glücklicherweise freudigeren Themen zu.

„Hedwig und Heinrich sind inzwischen ein weiteres Mal Eltern geworden. Diesmal ist es wieder ein Junge. Emil heißt er“, erklärte ich.

Anna nickte. „Ich weiß, die beiden haben mir eine Karte geschickt“, erwiderte sie mit einem Grinsen.

Obwohl ich ja vom weiterhin bestehenden Kontakt zwischen den dreien, oder besser gesagt zwischen Hedwig und Anna, wusste, fand ich mich nun aufrichtig überrascht vor und mein Blick musste mich verraten haben, denn Anna sprach:

„Dein Gesichtsausdruck ist gerade zum totlachen, Hermann. Ich dachte, du wüsstest, dass wir noch in Kontakt stehen.“

„Ich habe es vergessen“, antwortete ich bloß und wir beide verfielen in ein kurzfristiges Lachen.

„Hermann, ich habe noch etwas für dich“, begann Anna, nachdem sie wieder Luft nehmen konnte, und kramte in ihrer Tasche, zog schließlich ein kleines Paket in Orange, meiner Lieblingsfarbe, hervor.

„Da du bald Geburtstag hast und ich davon ausgehe, dass wir uns zuvor nicht mehr wiedersehen werden, würde ich dir gerne jetzt schon einmal ein Geschenk geben“, erklärte sie und reichte mir dabei das Päckchen.

Es war vollends offensichtlich, dass es sich um ein Buch handeln musste – aber welches war nun die große Frage. „Dankeschön.“ Ich war perplex, hatte ich doch vollkommen vergessen, dass ich in absehbarer Zeit bereits erneut ein weiteres Jahr mehr zählen würde.

„Pack es aus“, riet Anna und erst nun wurde ich mir dessen gewahr, dass ich noch immer das Paket, einer Verletzung des Armes gleich, schlaff nach unten hielt.

„Aber noch ist nicht mein Geburtstag“, erwiderte ich, obwohl ich natürlich gespannt war.

„So bin ich aber wenigstens dabei“, sprach sie.

Gesagt, getan riss ich gespannt das Papier entzwei und fördert ein schmales Buch zutage. Es handelte sich um eine Ausgabe von C. S. Lewis‘ *The Magician's Nephew*. Natürlich hatte ich schon von Narnia und dem wohl gelobten Intellektuellen dahinter gehört, doch hatte sich mir bisher noch nicht die Möglichkeit ergeben, eines seiner vielen Werke zu lesen; Freude stieg in mir auf und ich fragte mich, wo Anna dieses Buch aufgetrieben haben mochte.

„Es ist ein wirklich schönes Buch, das voller Bezüge zu diversen Mythologien oder auch dem Christentum steckt", erklärte sie mit einem Strahlen im Gesicht. „Ich denke, es wird dir gefallen."

„Ich glaube auch", antwortete ich und fuhr lächelnd fort, „seit längerem schon wollte ich mal gerne eines der Narnia-Bücher lesen, aber ich bin nie dazu gekommen. Danke, Anna."

Ich schob das Geschenk in meine Tasche und sprach: „Tut mir leid, ich kann meine Freude einfach nicht so gut zeigen."

„Hermann, wir waren zusammen. Ich weiß, dass dir das schwer fällt", entgegnete Anna belustigt und wir fingen beide an zu lachen.

Die Sonne begann, sich allmählich herab zu senken, und wir beschlossen, im Hinblick auf Annas frühmorgendliche Weiterreise in meine Wohnung zurückzukehren.

*

Ich erhielt Annas Anruf etwa eine Woche darauf. An ihrer Stimme erkannte ich, dass irgendetwas geschehen sein musste, sie aufgebracht und durcheinander war.

„Ich habe mit meinen Eltern gesprochen", fiel sie direkt nach der Begrüßung ein.

Obwohl unsere Unterhaltung noch nicht vergessen, war es nicht das, woran ich in meiner ersten Besorgnis gedacht hatte; nun stieg eine ungeahnte Hitze in mir hoch und ich zog mir einen Stuhl heran, auf den ich mich niederließ.

„Was haben sie gesagt?", wagte ich vorsichtig zu fragen.

„Mein Vater hat für die Gestapo gearbeitet!"

Ich brauchte einen Augenblick, um ihre Aussage zu realisieren.

Anna sprach schnellen Wortes weiter: „Während der Zeit des Zweiten Weltkrieges, davor auch schon, hat mein Vater politische Gegner ausspioniert und ans Messer geliefert. Er meinte, dass die Nazis auf ihn aufmerksam geworden waren, weil er ja in höheren Kreisen verkehrte und deshalb für sie von Wert gewesen ist; mein Vater sagt, dass sie ihn dazu gezwungen haben. Ich kann es nicht fassen. All die Jahre hat er uns nichts erzählt, und meine Mutter, die auch davon wusste, hat ebenso nie ein Wort darüber verloren. Er hat mir erklärt, dass er gezwungen war, all dies zu tun, weil er so die Eltern meiner Mutter – die ja etwas kommunistisch sind, wie du weißt – schützen konnte. Außerdem meinte er, dass es nur so möglich gewesen sei, dass unsere Privatlehrerin, Miss Candrick, unbehelligt bei uns leben und Margarete und mich unterrichten konnte."

Sie holte kurz Luft.

„Aber Miss Candrick musste uns trotzdem neunzehnzweiundvierzig verlassen, was ich ihm auch gesagt habe. Dann habe ich ihn gefragt, ob ihre Ausreise nach England eine Lüge gewesen sei, und er hat zugegeben, dass sie eines Nachts von der SS abgeholt wurde und er bis heute nicht weiß, was aus ihr geworden ist. Meine Eltern haben mich jahrelang angelogen! Wer weiß, was aus Miss Candrick geworden ist. Vielleicht ist sie von den Nazis umgebracht worden.

Mein Vater hat mir während des Gespräches immer wieder beteuert, dass er dies alles nur getan hat, um die Menschen in seiner Umgebung, gerade auch meine Mutter, Margarete und mich, zu schützen. Und das Schlimmste ist, dass meine Mutter ihm voll und ganz zustimmt; sie hat im bisweilen sogar geholfen!

So viele Menschen haben wegen ihnen, gerade wegen meinem Vater, solches Leid erfahren und sind sogar umgebracht worden, und meine Eltern sehen es einfach nicht!", sprach

Anna, und es schien mir – vielleicht mochte es auch an der Verbindung liegen –, dass sie zunehmend lauter redete.

„Ich habe ihnen dann vorgehalten, dass das Blut von Unschuldigen an ihren Händen klebe, aber mein Vater meinte nur, dass er … sie beide keine andere Wahl gehabt hätten und sie nie auch nur einer Person persönlich etwas angetan haben. Meine Mutter hat nochmal betont, dass er nur so uns alle hatte schützen können, frei nach dem Prinzip: Entweder die anderen oder wir."

Unangenehme Stille, zerbrochen durch schwaches Knistern in der Leitung.

Während Annas Erzählung hatte eine unangenehme, nackte, blanke Kälte meinen Geist ergriffen, hielt diesen fest und unnachgiebig umklammert, presste ihn zusammen.

„Wenn er zugeben würde, dass das, was er getan hat, schrecklich ist, würde er sich selbst anklagen und müsste sich eingestehen, ein Monster zu sein", war das Einzige, das ich herausbekam.

„Ich weiß", gab Anna zu und klang dabei zutiefst traurig wie frustriert.

„Aber dennoch ist … mein Vater ein Monster … Ich meine … ich weiß auch nicht, was ich damals getan hätte. Aber das ist doch alles keine Entschuldigung", rang sie um Worte.

„Ich weiß einfach nicht, wie ich damit umgehen soll, wie ich mit meinen Eltern umgehen soll. Die letzten fünf Tage habe ich nicht mit ihnen gesprochen und möchte dies auch erst einmal vermeiden."

„Verständlich", erwiderte ich und fühlte mich damit unsagbar plump. Eine mich seit längerem schon begleitende Furcht stieg wieder in mir hoch und ließ mich eine ungeahnte Panik verspüren. Gezwungenermaßen musste ich an mein persönliches, bevorstehendes Gespräch denken, welches ich – koste es, was es wolle – suchen würde, und dessen ungewisser Ausgang mir Kopfzerbrechen, ja so manch unruhige Stunde bereits beschert hatte.

„Danke fürs Zuhören, Hermann“, klang Annas Stimme durch den Hörer, gleich aus einer anderen Welt, zu mir hin.

„Keine Ursache“, antwortete ich.

„Ich brauche Zeit für mich. Auf Wiedersehen, Hermann“, erklärte sie.

„Auf Wiedersehen.“

Die Leitung wurde tot und ich saß allein in der Stille.

*

Als ich das nächste Mal zu meinen Eltern fuhr – es war kurz nach meinem Geburtstag –, brachte ich die gesamte Fahrt in tiefstem Unwohlsein zu. Eine dunkle, ungreifbare Vorahnung umwölkte meinen Geist, drückte mein Gemüt und der Umstand in einem Zug zu sitzen, machte es allenfalls nur noch schlimmer.

Nach einer mir deutlich länger anmutenden Weile erreichten wir den Bahnhof, von wo aus ich den Bus in Richtung meiner Eltern nahm. Dort angekommen wurde ich zuerst einmal mit allerhand Kaffee wie Kuchen beschert und schließlich wurde mir mein Geschenk, ein neuer Wintermantel, gereicht.

Hiernach saßen wir drei beisammen, mein Vater seine Pfeife rauchend und meine Mutter strickend.

Schließlich wagte ich es die eine Frage zu stellen: „Mutter, Vater: Was habt ihr in der Zeit des Dritten Reiches getan?“

Es trat eine kurze Pause ein und es schien mir, dass die Freude von den Gesichtern meiner Eltern gewichen war.

„Warum fragst du?“, erwiderte meine Mutter.

„Ihr habt mir nie erzählt, was ihr in dieser Zeit oder auch während des Krieges getan habt“, erklärte ich.

„Hermann, denkst du wirklich, dass das ein angebrachtes Thema für den heutigen Tag ist?“, fragte mein Vater, während er seinen eindringlichen Blick, den ich noch aus Kindertagen zu gut kannte, auf mich heftete und an seiner Pfeife zog.

„Es ist mir egal, was für ein Tag heute ist. Ich möchte endlich die Wahrheit erfahren, was damals alles passiert ist. Ich weiß bis heute nicht, was ihr getan habt, ob ihr mit den Nazis sympathisiert habt, ob ihr …“

„Du sagst das so, als ob wir ein Verbrechen begangen hätten“, unterbrach mich meine Mutter und schaute mich anklagend an.

„Ich weiß nicht, was ihr damals getan habt!“, entgegnete ich lauter als beabsichtigt.

„Ich möchte endlich die Wahrheit erfahren. Heutzutage weiß jeder, was damals geschehen ist und trotzdem wird geschwiegen. Ich weiß ja nicht einmal, was ihr, als *meine eigenen Eltern*, getan oder eben nicht getan habt!“, fuhr ich mit ruhigerer Stimme fort, nachdem niemand etwas gesagt hatte.

„Er ist alt genug“, hauchte mein Vater leise an meine Mutter gewandt, und sie nickte kaum merklich, fast schon ängstlich.

Meine Mutter begann zu erzählen: „Als Hitler Reichskanzler wurde, hatten wir wirklich geglaubt, dass vieles nun besser werden würde. Es war damals eine schwere, unsichere Zeit, musst du wissen. Nach nur einem Jahr dann war der Traum, dass es besser werden würde, zerstört und uns wurde bewusst, was für einen schrecklichen Fehler man begangen hatte. Wir haben uns mit der Situation arrangiert, mussten uns arrangieren. Bis zum Krieg geschah nichts Besonderes in unserer Familie.“

„Aber war euch damals nicht klar, wie fanatisch Hitler war? Habt ihr nicht die Gewalt, den Hass und auch den Antisemitismus gesehen?“, hakte ich nach.

Es trat eine kurze Pause ein.

„Ich denke, wir waren in unserer Hoffnung auf Besserung dazu bereit, darüber hinwegzusehen“, erklärte mein Vater mit gesenktem Blick.

„Aber wie konntet ihr *alles* aufs Spiel setzen, indem ihr die NSDAP unterstützt habt?“, fragte ich.

„Es waren andere Zeiten damals. Deutschland litt noch immer stark unter den Nachwirkungen des Krieges. Vielen Menschen erging es sehr schlecht. Heute ist das alles nicht mehr nachvollziehbar“, erwiderte mein Vater knapp und fuhr schnell fort, „als der Krieg dann kam, wurde ich zum Angriff auf Dänemark eingezogen und später dann im Russlandfeldzug eingesetzt.“

Es trat eine erneute Pause ein, in der ich gebannt und mit Furcht auf die weitere Erklärung wartete.

„Und was hast du … an der Ostfront getan?“, stellte ich die Frage und ein mulmiges Gefühl beschlich mich obgleich des Zögerns meiner Eltern.

„Ich habe an den Erschießungskommandos teilgenommen.“

Mir blieb die Luft weg. All meine großen Ängste schienen mir mit einem Male wieder erweckt worden zu sein, und sie stürzten unaufhaltsam gnadenlos auf mich nieder. Ich wusste nicht, was ich darauf erwidern sollte, öffnete wiederholt den Mund, doch wollte diesen kein einziges Wort verlassen; mein Kopf war leer.

„Wir haben lediglich Befehle befolgt. Wir mussten es tun. Und was wäre geschehen, wenn wir den Befehl verweigert hätten?“, erklärte mein Vater ausdruckslos. „Ich musste es tun, auch wenn ich nicht stolz darauf bin. Ich musste euch beide schützen.“

Meine Mutter nickte bloß.

„Inwiefern hat es uns geschützt?“, fragte ich und versuchte, meine aufsteigende Wut aus der Stimme zu halten.

„Wenn wir es nicht getan hätten, wäre der Krieg nach Deutschland gekommen und wer weiß, was dann passiert wäre.“

„Ihr habt nicht einmal *nur* Soldaten erschossen, sondern auch unzählige Zivilsten getötet. Inwiefern hatte das mit dem Schutz deiner Heimat zu tun?“, hielt ich dagegen, dabei immer wütender werdend, während zugleich auch eine tiefe Traurigkeit von mir Besitz zu ergreifen begann.

Meine Eltern blieben mir die Antwort schuldig und es trat ein unangenehmes, angespanntes Schweigen zwischen uns.

„Wie bist du dem Schicksal der sowjetischen Kriegsgefangenschaft entgangen?“, fragte ich schließlich, nun das Gemüt nach wie vor hitzig, aber zumindest ein wenig abgekühlt, da ich irgendwie versuchte, an mich zu halten.

„Als die rote Armee immer näher rückte, habe ich schließlich meine Wehrmachtsausrüstung vernichtet und mir neue Kleidung besorgt. Anschließend habe ich mich als Flüchtling ausgegeben, habe mich den Vertriebenen angeschlossen und bin über die Ostsee geflohen“, erklärte mein Vater.

Erneut blieb ich fassungslos zurück.

„Mit anderen Worten: Du bist desertiert. Aber zuvor warst du nicht in der Lage, einen Befehl zu verweigern?“, entgegnete ich und musste dabei den Kopf schütteln.

Es fiel mir zutiefst schwer, meine Worte nicht zu schreien.

„Als Friedrich schließlich zuhause ankam, hatte ich bereits alles, was auf sein Leben als Soldat, auf die Nazis im Allgemeinen schließen ließ, vernichtet“, ergänzte meine Mutter sachlich und blickte dabei zu meinem Vater.

„Von Februar neunzehnfünfundvierzig bis in den Oktober desselben Jahres habe ich mich in unserem Keller versteckt. Wir wussten nicht, wem wir vertrauen sollten, und hatten Angst, dass die Leute argwöhnen würden, wenn sie sähen, dass ich schon längst heimgekehrt war. Was wäre geschehen, wenn sie mich an die feindliche Armee verraten hätten.

Lotte hat sich um mich gekümmert, mir Essen gebracht, wann immer du nicht zuhause warst oder geschlafen hast“, führte mein Vater weiter aus, warf einen liebevollen Blick zu meiner Mutter hin, die diesen auf die gleiche Weise zurückgab.

Ich benötigte einen Augenblick, um diese Worte zu verstehen, zu verarbeiten. Nun ergab es auch einen Sinn, weshalb mir meine Mutter verboten hatte, alleine den Keller zu betreten.

Wieder und wieder hatte sie mir erklärt, dabei die Furcht geschürt, dass ich aufgrund des Ausmaßes der allgemeinen, städtischen Zerstörung urplötzlich verschüttet werden könnte; dennoch hatte es mich nicht von einem einmaligen Besuche abgehalten.

Ich schwieg.

Ich war töricht gewesen, und das Schlimmste: Anscheinend hatte ich die dreiste, schlechte Lüge willig glauben wollen.

„Du hast meine vorige Frage nicht beantwortet, *Vater*", antwortete ich schließlich lediglich.

„Welche Frage?"

„Ich habe dich gefragt, weshalb du vor deiner Desertion nicht in der Lage gewesen bist, einen Befehl zu verweigern!"

„Ich habe das getan, was ich tun musste, und ich habe es auch für euch getan. Denkst du, das Töten hätte mir in all der Zeit Spaß gemacht, Hermann?", erwiderte mein Vater und in seinen letzten Worten schwang nun etwas Neues, ein gewisser Grad an Erbostheit und Verletzlichkeit mit.

„Ich kann das alles nicht glauben", sprach ich meine bohrenden Gedanken laut aus.

Ich wusste nicht mehr, was ich denken sollte. In mir rotierte alles und die verschiedensten unangenehmen Gefühle vermischten sich zu einem großen Wirbel, in den es mich hineinzog.

Meine Eltern blickten mich bloß an und sagten nichts mehr; lediglich das Geräusch, das mein Vater erzeugte, wenn er an der Pfeife zog, ertönte.

„Ich gehe zu Bett." Ich erhob mich und verließ das Wohnzimmer, ohne auch nur die geringste Reaktion abzuwarten.

Als ich kurz darauf im Bett lag, stellte ich mir die drängende Frage, ob ich die Wahrheit nicht doch lieber hätte schlummern und schließlich irgendwann dann in vielen Jahren vergehen lassen sollen. Doch wie ich es auch drehte und wendete, immerzu kam ich zu dem Ergebnis, dass ich die richtige Entscheidung getroffen hatte. Ich war wütend, fühlte mich hilflos und verraten. Traurigerweise blieben sie meine Eltern, und vielleicht fiel es mir deshalb so schwer, sie für ihre Fehler zu hassen.

*

Am nächsten Tag fuhr ich wieder ab, verfrüht um genau zu sein.

Ich ahnte nicht, dass es für lange Zeit das letzte Mal gewesen war, dass ich mit meinen Eltern über ihre Vergangenheit gesprochen hatte.

Kapitel 4

1965

Ich muss dir etwas erzählen, wenn wir uns das nächste Mal sehen, hallten mir ihre zuletzt geschriebenen Worte im Geiste nach und steigerten meine Neugier von Neuem ins schier Unermessliche. Ich saß im Flieger nach London, das erste Mal in diesen Höhen, und ich hasste es. Die Aussicht und das Gefühl selbst waren für sich genommen zwar wunderbar, aber dennoch drängte sich mir, wie stets in solcherlei Situation, ein extremes Unbehagen auf; ich fühlte mich äußerst beengt und schien mir damit, wenn ich mich so umsah, die einzige Person zu sein, die so empfand.

Es ging zu einer Messe mit dem Thema *Internationale Zusammenarbeit*, zu dem eine ganze Vielzahl an Vertretern aus allerlei europäischen Nationen geladen war. Zuvor hatte es sich für mich nie ergeben, nach England oder einem anderen englischsprachigen Land zu reisen, und ich war dementsprechend gespannt, erfreut wie aufgeregt. Es hatte sich arrangieren lassen, einen Tag früher zu kommen, und ich konnte es, auch wegen meines schlechten Gefühls, kaum erwarten, dem Flieger zu entsteigen.

Zum Glück dauerte der Flug nicht allzu lange und ich brachte den Großteil der Zeit – vollends versunken – mit Lesen zu.

*

Staunend wandelte ich durch die riesige Stadt, ließ mich mit dem Strom treiben und egal, wohin ich auch trat: ich entdeckte stets etwas Interessantes. London, wonach ich mir schon seit meiner späten Jugend einen Abstecher erhofft hatte, enttäuschte mich nicht. Das Einzige, was mich ein wenig frustriert zurückließ, war der Umstand, dass ich schlichtweg nicht mehr

Zeit hatte mitbringen können. Den gesamten Montagmorgen und -nachmittag brachte ich im Kern der Stadt zu, wohingegen ich abends nach Greenwich hinfuhr, wo sich das Messegelände befand, auf dem wir am nächsten Tage dann unseren Stand aufbauen würden. Dort angekommen nahmen mich meine frisch erst eingetroffenen Kollegen in Empfang, und wir gingen früh zu Bett, mussten wir dienstags ja bereits früh auf den Beinen sein.

*

Endlich, nach zwei anstrengenden Tagen, begann das große Spektakel und die vielen Besucher füllten die Gänge des riesigen Areales. Ich sprach mit einer Vielzahl von ihnen, erläuterte unsere Arbeit und freute mich darüber von meinen Fremdsprachenkenntnissen Gebrauch machen zu können. Einmal war es mir sogar für einen kurzen Moment so, als ob ich Lucrecia Salvari in der Menge erblickt hätte, aber es musste wohl Einbildung gewesen sein. Unter all den Besuchern blieb mir besonders eine ältere Dame – ihr Alter musste das meiner Eltern in etwa um zehn Jahre übersteigen – in Erinnerung. Sie zeigte sich besonders interessiert an unserem Stand und löcherte mich auf angenehme Weise mit mehr Fragen, als ich mir zu merken vermochte.

„Und wie lange arbeiten sie nun schon in dieser Firma?“, fragte sie höflich.

„Seit fast zehn Jahren“, erwiderte ich, erfreut über ihr starkes, aufrichtiges Interesse.

„Und sie sind immer noch sehr jung“, antworte sie, Anerkennung in ihrer Stimme schwingend, derweil mich ihr Blick abschätzte.

„Dann haben sie bisher aber eine erstaunliche Karriere hingelegt. Und wie ich dem Programm entnommen habe, geben sie morgen sogar eine Rede“, erklärte die Frau dann.

Ich errötete aufgrund des vielen Lobes und wollte sie gerade schon fragen, woher sie meinen Namen kannte, als mir wieder gewahr wurde, dass ich ein Namensschild trug.

„Keine falsche Scham, junger Mann“, erwiderte die alte Frau bloß und ließ ein ungewöhnlich dröhnendes Lachen ertönen. „Ich werde mir ihre Rede auf jeden Fall nicht entgehen lassen.“ Sie zwinkerte mir kurz zu. „Nun muss ich aber auch wirklich weiter. Es gibt noch so vieles zu sehen. Es war nett, mit ihnen geredet zu haben, Herr Mahrt.“

Sie drehte sich weg, als ich mehr oder minder perplex erwiderte: „Wie heißen sie?“

„Maggie Densley“

„Nett, sie kennen zu lernen“, erklärte ich und reichte ihr aus einem Instinkt heraus die Hand.

Sie erwiderte den Gruß und verschwand danach in der Menge. Verwundert blieb ich zurück.

*

Ich war aufgeregt, was mir vollkommen natürlich schien. In wenigen Augenblicken schon würde ich hinaus auf die Bühne treten und ich fragte mich, wie groß das Publikum wohl sein würde. Häufiger schon hatte ich Reden gehalten, doch würde die kommende definitiv die mit den meisten Zuhörern werden sowie meine erste auf Englisch. Erneut musste ich mir die Frage, weshalb gerade ich ausgewählt worden war, gefallen lassen.

Im nächsten Moment kündigte mich der Moderator an, wodurch er mich von meinen aufwühlenden Gedanken erlöste. Ich schritt nach draußen und war zutiefst erfreut, als ich feststellte, dass mir eine Reihe von Scheinwerfern es kaum möglich machte, auch nur irgendetwas vor mir zu erkennen.

Ich begann zu sprechen: „Vor zwanzig Jahren hat der Zweite Weltkrieg geendet, ein unfassbar grausamer Krieg, den fast alle der hier Anwesenden noch erlebt haben werden. In der Zeit davor wurden die verschiedenen Länder in Europa von einem

Krieg nach dem anderen zerrüttet. Aber heute stehen wir uns anders gegenüber. Dieses Jahr wurde die Europäische Gemeinschaft gegründet, die die Europäische Gemeinschaft für Kohle und Stahl, die Europäische Atomgemeinschaft sowie die Europäische Wirtschaftsgemeinschaft vereint. Das ist ein großer Fortschritt, auf den wir stolz sein können und sollten. Aber dennoch gibt es noch vieles zu tun." Ich erlaubte es mir, eine kurze Pause einzulegen und einen Schluck Wasser aus einem kleinen, bereitgestellten Glas zu genehmigen; in der wenigen verstrichenen Zeit waren mein Mund und Rachen scheinbar ausgetrocknet.

Nach einem kurzen Räuspern setzte ich meine Rede fort und sprach über die vielen Probleme, die es noch zu lösen gab. Hiernach skizzierte ich meine Arbeit, die ja eine enge Zusammenarbeit zwischen Deutschland und Italien darstellte, als Beispiel für ein friedliches Gemeinschaftswerk.

Zu guter Letzt schlug ich wieder einen Bogen zum Anfang: „Wie die meisten von ihnen wissen, bin ich Deutscher. Früher hätte ich für sie lediglich ein Feindbild dargestellt und eine Begegnung wie diese wäre kaum, oder sagen wir besser gar nicht, möglich gewesen. Deshalb bin ich umso mehr stolz darauf, heute vor ihnen sprechen zu dürfen und in den gemeinsamen Dialog zu treten. Wenn wir friedlich miteinander leben möchten, müssen wir miteinander sprechen, agieren, und das alles auf Augenhöhe. Und egal was wir auch tun, welchen großen Konflikten wir hierbei bisweilen auch begegnen werden: Wir sollten niemals vergessen, dass es am Ende nur um eines geht: Frieden! Denn Frieden ist keine Selbstverständlichkeit und erfordert Arbeit und Anstrengung. Es gibt noch so viel zu tun. Also fangen wir an zu handeln, auf dass wir in Frieden leben können, und die Generationen, die da kommen werden, ebenso."

Ich endete und es trat eine kurze, unangenehme Pause ein, die dann von einer Welle des Applauses abgelöst wurde.

Erleichtert verbeugte ich mich und ging ab, um mir erst einmal ein klein wenig Ruhe zu genehmigen. Nun erst bemerkte ich, wie angespannt ich doch eigentlich gewesen war. Nach einer undefinierbar langen Weile verließ ich den Bereich hinter der Bühne, schritt durch eine Tür nach draußen und rannte der älteren Dame vom gestrigen Tage – Maggie Densley – in die Arme.

„Ihre Rede war großartig", brach es aus ihr heraus, während ich mich noch von meiner Überraschung erholen musste. „Vor allem das Ende hat mir gefallen", redete sie unbeirrt mit freudiger Stimme in einem fort.

„Danke", brachte ich hervor.

„Ich weiß ja, dass sie derzeit eine Anstellung haben, aber falls sie jemals eine andere Arbeit suchen sollten – im Ausland –, können sie sich bei mir melden. Meine Organisation sitzt hier in London, in South Kensington", erklärte sie und reichte mir eine Visitenkarte, die ich weniger aktiv als passiv entgegennahm. „Und es spielt auch keine Rolle, wie viel Zeit bis dahin vergehen sollte. Sie sind wirklich talentiert, das sollten sie nicht vergessen." Sie zwinkerte mir zu und, ohne auf jegliche Erwiderung meinerseits zu warten, schritt sie davon.

Irritiert blieb ich zurück, starrte ihr nach.

„Dankeschön!", rief ich ihr noch hinterher, aber sie hörte mich wahrscheinlich nicht mehr, zumindest drehte sie sich nicht um. Ich betrachte das Kärtchen in meiner Hand und las die goldenen Lettern:

Lady Victoria Margaret Densley. Europäische Zusammenarbeit und Entwicklung

Grinsend, ehrlich erfreut sowie äußerst geschmeichelt über ihr Angebot ließ ich das Papierchen sorgfältig in mein Portemonnaie wandern und setzte mich in Richtung unseres Messestandes in Bewegung.

*

„Ich habe jemanden kennen gelernt“, erklärte Anna sogleich, nachdem wir uns im Café niedergesetzt hatten.

Das zweite Wochenende nach der Messe war ich nach Kiel gekommen, um mit ihr zu sprechen.

„Das freut mich zu hören“, antwortete ich fröhlich, jedoch kaum überrascht, hatte ich bereits schon mit so etwas in der Art gerechnet.

„Wer ist er?“, fragte ich neugierig.

„Ein Amerikaner namens Richard O'Dwyer. Er ist ein Soldat, der hier in Deutschland stationiert ist. Wir haben uns letzten Sommer auf einer Gala in Kiel kennen gelernt und sind nun schon seit einem Monat zusammen.“

Irritiert zog ich die Augenbrauen nach oben. „Was macht ein Amerikaner in der Britischen Besatzungszone?“

„Er arbeitet hier in Kiel in einem kleinen, kaum bekannten Projekt der amerikanisch-britischen Zusammenarbeit“, erwiderte sie knapp.

Ich nickte. „Zufälle gibt es. Die Welt ist so klein. Aber wie auch immer: Alles Gute. Ich freue mich wirklich für dich“, sprach ich grinsend.

„Dankeschön. Und danke, dass du herkommen konntest. Ich wollte dir das gerne persönlich erzählen“, erklärte Anna und ein warmes Lächeln flog über ihr Gesicht; sie war offensichtlich verliebt.

„Und wo ist er nun? Kann ich ihn, wenn ich schon einmal hier bin, kennen lernen?“, fragte ich geradeheraus.

„Leider nein. Er ist gerade in seiner Heimat und besucht seine Eltern und zwei Schwestern. Aber ich muss ihn dir irgendwann einmal unbedingt vorstellen. Ich denke, dass ihr euch gut verstehen würdet“, antwortete sie.

„Schade, dass er nicht da ist.“

Ich ließ eine kurze Pause eintreten, bevor ich vorsichtig zu fragen wagte: „Weiß er eigentlich von der Vergangenheit deiner Eltern?“

„Ja. Er findet es natürlich nicht großartig, aber hat sich damit abgefunden. Ich kann ja auch nichts für die Taten meiner Eltern.“

„Das stimmt.“ Ich musste wieder an die Unterhaltung mit meinen Eltern denken und es zog sich in mir zusammen.

Wie ich Anna so betrachtete, musste ich sagen, dass sie außerordentlich glücklich wirkte; ich hätte Richard O’Dwyer wirklich gerne kennen gelernt. Wir plauderten noch eine Weile weiter und ich erfuhr, dass er ganze fünf Jahre älter als sie selbst war und aus Philadelphia stammte; des Weiteren war er, wie Anna selbst, ein begeisterter Leser von Brechts Werken.

„Nun da er auch Deutsch beherrscht, kann er alles im Original lesen“, merkte sie fröhlich an.

Ich lächelte, während sie mir noch so mancherlei Anekdote über Richard erzählte. Schließlich endete Anna, und ich berichtete ihr von meinen Erfahrungen in London.

„Und hast du vor, ihr Angebot anzunehmen?“, fragte sie aufgeregt.

„Nein. London ist zwar wunderschön und es würde mich wirklich reizen, aber ich habe derzeit eine Arbeit, die mir viel Freude bereitet. Abgesehen davon befinden sich all meine Freunde und auch meine Familie hier in Deutschland.“

„Ich würde dich auch besuchen kommen. Ich wollte schon immer mal nach London reisen – London und New York –, aber es hat sich mir nie die Möglichkeit geboten“, erwiderte Anna, begleitet von einem verschmitzten Zwinkern.

Ich musste grinsen.

„Irgendwann wirst du bestimmt einmal nach London kommen, Anna.“

So verstrich nach und nach der Nachmittag und schließlich auch ein Großteil des Abends. Ich erzählte Anna, dass ich ihr geschenktes Buch mit Freude geradezu verschlungen hatte und daraufhin, inzwischen bereits gelesen und in mein Regal eingereiht, den nächsten Band erstanden hatte.

Als wir irgendwann dann den Blick per Zufalle auf unsere Uhren lenkten, stellten wir zutiefst erstaunt fest, dass es bereits reichlich spät geworden war.

Wir verließen das Café und schritten zu ihrer Wohnung. Dort angekommen ließen wir uns ermüdet in unser jeweiliges Bett sinken. Anna schien mir schnell eingeschlafen, während ich noch wach lag und über mein Leben nachsinnte, mir die Frage stellte, was die Zukunft wohl für mich bringen mochte. Anna hatte einen neuen Partner gefunden, was mich mit aufrichtiger Freude erfüllte. Unwillkürlich wanderten meine Gedanken zu Lucrecia Salvari hin und ich wusste nicht, was ich daraus machen sollte. Ohne auch nur eine Antwort gefunden zu haben, riss es mich schließlich in den Schlaf.

Kapitel 5

1966

War ich gerade erst von meiner Arbeit zurückgekehrt und hatte mich, die Entspannung suchend, in meinen Sessel gleiten lassen, als auch kurz darauf schon das Telefon schrillte.

Ich nahm ab.

„Hermann? Bist du das?“ Die Stimme meiner Mutter: angestrengt, bedrückt, irritiert; letzteres erklärte wahrscheinlich auch ihre sinnfreie Frage, wohnte ich ja bekanntlich allein.

„Ja“, antwortete ich und hielt den Atem an.

„Friedrich hatte einen Schlaganfall und ist auf dem Weg ins Krankenhaus.“ Pause. „Ich weiß noch nicht, ob er es schafft.“

„Ich komme sofort runter, Mutter“, erwiderte ich. „In welches Krankenhaus bringen sie ihn?“

„Ins Stadtkrankenhaus.“

„Wir sehen uns dort.“

Ich legte auf, schnappte mir meine Jacke sowie Schlüssel und stürzte im nächsten Moment schon aus meiner Wohnung hinaus zum Wagen hin. Der Motor ging wie üblich problemlos an, und schon war ich unterwegs. Nach und nach sickerte nun auch die Bedeutung der Worte meiner Mutter zu mir durch und während der gesamten Fahrt über drehten sich meine Gedanken um ein und dasselbe düstere Thema.

Als ich schließlich dem Wagen entstieg, zum Krankenhaus hastend, rechnete ich mit dem Schlimmsten. Sogleich fragte ich nach der Notaufnahme und stürmte, nachdem man mir den Weg beschrieben hatte, hiernach, um meine Mutter zutiefst emotional gezeichnet vorzufinden. Ihre Augen, ihr gesamtes Gesicht waren von vergossenen Tränen gerötet, und ich schlang sie in eine Umarmung, so ehe ich sie erblickte.

„Es wird schon“, brachte ich leise hervor und fühlte mich dabei ungemein plump, war es jedoch das Einzige, das mir in jenem Augenblicke einfiel.

Wir lösten uns und ließen uns schweigend nebeneinander auf den Stühlen des Wartezimmers nieder; ich hasste solche Momente. Sowie mein Blick erneut zu meiner Mutter wanderte, stellte ich fest, dass ihr wieder die Tränen das Gesicht hinab kullerten.

Ich vermochte nicht zu sagen, wie viel Zeit vergangen war, als schließlich ein Arzt eintrat, um uns die Nachricht zu verkünden.

„Wir konnten ihn vollständig stabilisieren und es geht ihm soweit so gut. Er wird jedoch nie wieder sprechen können."

Meine Mutter saß wie erstarrt da, während es sich in mir zusammenzog und ich mir selbst erzählte, dass es auch hätte schlimmer kommen können, wie es mir ja nur zu gut bewusst war. Zugleich wusste ich aber auch, wie sehr es meinen Vater treffen würde, geradezu aus der sicheren Bahn werfen konnte, besaß er doch eine große Liebe zur Sprache, obwohl er lediglich Englisch als Fremdsprache beherrschte.

„Sie können nun zu ihm", sprach der Arzt und schaute ein wenig mitleidig drein.

Ich fragte mich, wie oft er am Tag solcherlei Botschaften zu überbringen gezwungen war, und ob es ein jeden mit der Zeit nicht vollends abstumpfen ließ.

Wir erhoben uns und schritten in die zuvor erklärte Richtung. Als wir eintraten, war mein Vater in scheinbar tiefen Schlaf versunken – aber dennoch setzten wir uns auf die einzigen zwei Stühle. Meine Mutter strich ihm, von einem leichten, nicht einzuordnenden Zittern gezeichnet, über die Wange. Wir schwiegen, eine unangenehme Stille, und er erwachte auch nach einer Stunde nicht.

Wir verließen das Krankenhaus und fuhren getrennt zum Haus meiner Eltern. In tiefstem Schweigen nahmen wir ein knapp bereitetes Mahl zu uns. Nachdem meine Mutter dann zu Bett gegangen war, ich mich versicherte hatte, dass sie auch wirklich in den Schlaf über geglitten war, fuhr ich zu Hedwig hin. Es war schon spät, dessen war ich mir bewusst, aber dennoch wollte ich mit jemandem reden und ich wusste, dass sie mich nicht ablehnen würde.

Ich klingelte und kurz darauf wurde mir die Tür von Heinrich geöffnet, der wohlgemerkt irritiert und fast schon ein wenig verärgert ausschaute. Sowie ich mich erklärt hatte, ließ er mich ein und ich setzte mich mit ihm und Hedwig im Wohnzimmer nieder; die Kinder schliefen bereits. Ich erklärte ihnen, was alles geschehen war, und sie sprachen mir beide ihre Anteilnahme aus. Hedwig selbst wirkte schockiert, kannte sie meinen Vater schließlich von Kindertagen an und hatte zu meinen Eltern stets ein gutes Verhältnis sowie mancherlei Sympathie gehegt. Irgendwann dann lösten wir uns von unserem tristen Thema und Hedwig erzählte mir, dass sie sich im kommenden Jahr eine Anstellung suchen wolle.

„Die Kinder sind zwar noch jung, aber alt genug, dass ich zumindest zeitweise arbeiten kann“, erklärte sie.

Danach erzählten mir die beiden voll Freude von den neusten Erfolgen ihrer Zöglinge und ich bedauerte es zutiefst, dass ich Maria zu dieser Uhrzeit nicht mehr antreffen konnte. Es wurde sehr spät und Heinrich verabschiedete sich letztendlich, musste er doch am nächsten Tage aufgrund seiner Arbeit früh aufstehen. Hedwig und ich verblieben noch eine Weile in unserer Zweisamkeit und begannen, über frühere Zeiten zu sprechen sowie in alten Erinnerungen zu schwelgen, bis wir uns schließlich den aktuellen Neuigkeiten zuwandten.

„Es ist schön zu sehen, dass Adolf sich nun verlobt hat. Die beiden sind auch schon wirklich lange zusammen“, erklärte Hedwig.

„Wie schnell die Zeit vergeht.“

Ich nickte. „Er hat mich gefragt, ob ich sein Trauzeuge sein möchte, und ich habe ja gesagt“, erwiderte ich stolz.

Sie lächelte warmherzig. „Hast du etwas Anderes erwartet?

Du bist sein bester Freund und ihr kennt euch seit dem Beginn eurer Gymnasialzeit. Ich meine, ihr habt eure gesamte Jugend gemeinsam durchstanden."

Ich konnte mich eines Grinsens nicht erwehren und unser Gespräch begann, in anderen Bahnen zu verlaufen.

Irgendwann schließlich verabschiedete ich mich.

„Es war schön, dich nochmal zu treffen und mit dir zu sprechen. Ich wünschte, die Umstände wären andere gewesen", sprach Hedwig, nachdem sie mich in ihre Arme geschlossen hatte.

Ich nickte. „Danke für alles, Hedwig."

Ich trat nach draußen, stieg in den Wagen und fuhr zum Haus meiner Eltern. Ermattet ließ ich mich in mein altes Bett fallen und wurde kurz darauf schon von Morpheus' Armen umfangen.

*

Am nächsten Morgen rief ich meinen Chef an, um ihm zu erklären, weshalb ich heute nicht erscheinen würde. Danach fuhr ich zu meinem Vater. Wie der Arzt bereits gesagt hatte, war er nicht mehr in der Lage zu sprechen, und, diese bekannte Erkenntnis nun nochmals schonungslos vor Augen geführt, brachen meine befürchteten Schrecken über mich herein.

*

Wir trafen uns auf ihrer Rückreise, die sie über Bonn gelegt hatten, und es war mir eine große Freude nun endlich einmal die Bekanntschaft Richards machen zu dürfen; der Treffpunkt war ein hutzeliges Caféhaus am weiträumigen Marktplatz, das schmucke Rathaus im Rücken. Zutiefst vertieft in eine Ausgabe von C. S. Lewis' *The Last Battle*, dabei meine Umgebung vollends vergessend, saß ich da und bemerkte so erst die beiden, als sie sich vor mir auf den einzigen zwei freien Stühlen niederließen.

„Hallo, Hermann“, begrüßte mich Anna, und mein Buch, welches ich im Begriff war zu verstauen, wäre beinahe zu Boden geklappert.

„Hallo“, erwiderte ich die Begrüßung.

„Guten Tag. Freut mich, dich mal kennen zu lernen“, erklärte Richard und reichte mir, für meine Begriffe ein wenig förmlich, die Hand.

Ich schüttelte diese. „Freut mich auch.“ Ich benötigte schlichtweg einen Augenblick, um wieder zu mir zu finden. „Tut mir leid. Ihr habt mich vollkommen aus dem Lesefluss gerissen“, erklärte ich und nutzte die hierdurch entstandene Pause, um einen kurzen Blick auf Richard zu werfen. Er war großgewachsen, von einer allgemein eindrucksvollen Statur und seine aufmerksam scheinenden Augen wurden von einer klobigen Brille umrahmt; Anna und er hielten die Hand der jeweils anderen Person, wie ich zufrieden gewahr wurde, und ich musste im Geiste lächeln.

„Wie geht es dir?“, eröffnete Anna.

Ich holte Luft und erzählte von meinem zuletzt ereilten Schicksalsschlag, drei Wochen zuvor.

„Das tut mir wirklich leid, Hermann“, sprach Anna, nachdem ich geendet hatte, und ihre Augen schauten ein wenig bedrückt drein.

„Tut mir leid für dich“, erklärte auch Richard.

„Danke. Aber es hat keinen Sinn, darüber traurig zu sein. Nun ist es einfach so … und es hätte auch viel schlimmer kommen können“, antwortete ich.

Unangenehmerweise erwiderten die beiden nichts und ich begann, das ins Stocken geratene Gespräch wieder anzukurbeln und in eine andere Richtung zu lenken.

„Seit wann bist du nun schon in Deutschland, Richard?“

„Seit neunzehnhundertsechzig.“

„Und weshalb bist du hierhergekommen? Wurdest du versetzt?“, hakte ich nach.

„Ich wollte gerne außerhalb der USA arbeiten und habe mich dann auf diese Stelle beworben“, erklärte er.

„Dann hast du aber sehr jung eine solche Stelle bekommen“, stellte ich fest.

„Ja.“ Ein seichter Hauch von Stolz schwang in seiner Stimme mit.

Nachdem wir uns über solcherlei ausgiebig ausgetauscht hatten, begannen wir, über weniger formelle Themen zu konversieren, und ich erfuhr, dass Richard ein äußerst historisch begeisterter Mensch war.

„Hast du schon die Festungsanlage in Koblenz besichtigt?“, fragte ich.

„Nur einmal ganz kurz.“

Sein Deutsch war sehr gut, nahezu fehlerlos, aber dennoch schlich sich bisweilen ein Hauch des typischen Akzentes seiner Landsleute ein, gerade wenn es sich um die in seiner Muttersprache vollends fehlenden Laute handelte.

„Wenn du möchtest, kann ich sie dir irgendwann einmal zeigen“, schlug ich vor. „Da ich ja aus Koblenz komme, kann ich dir auch einiges darüber erzählen.“

„Das wäre schön“ antwortete er, derweil ein kindliches Leuchten in seine Augen trat; Anna indes lächelte.

Wir unterhielten uns noch eine Weile, ich erzählte von Marias vergangener Einschulung und schließlich mussten sich die beiden verabschieden, wollten sie doch den spätabendlichen Zug nach Kiel nehmen.

Als sie Arm in Arm von dannen schritten, ich ihnen nachblickend, musste ich wirklich sagen, dass sie ein schönes Paar abgaben.

Kapitel 6

1967

Der große Tag war gekommen und eine solch große Aufregung hatte sich über meinen Geist gehängt, dass es beinah schon die des Bräutigams zu übertreffen schien. Adolf und ich standen alleine in dem kleinen Raum und warteten ungeduldig, beide den Blick wiederholend zur Uhr hin lenkend und unsere Anzüge glatt fahrend.

„Kann ich mich so blicken lassen?", fragte Adolf nun schon zum dritten Male.

„Du siehst gut aus, ordentlich wie immer", antwortete ich, während ich versuchte, Entspannung und Ruhe ausstrahlen zu lassen, beziehungsweise mir selbst einzureden.

Schweigen.

„Wie geht es dir eigentlich?"

„Gut. Ich kann mich wirklich nicht beklagen."

„Und hast du inzwischen jemand Neuen gefunden?"

„Nein. Wenn ja, hätte ich dir schon längst davon erzählt, Adolf", erwiderte ich und lächelte.

Er nickte. „Stimmt auch wieder."

Erneute Stille.

„Wie schnell die Zeit vergeht", sprach ich, um nicht einfach nur zu schweigen. Adolf nickte bloß, versunken in seinen Gedanken.

So ging es noch eine ganze Weile, bis man uns schließlich mitteilte, dass wir kommen sollten.

Der kirchliche Akt ging vergleichsweise schnell vonstatten und mit der Zeit verlor sich auch meine zittrige Anspannung; Adolf so glücklich, so fröhlich zu sehen, ließ die Freude in mir aufsteigen und nach und nach alles andere fortdrängen.

Später ging es in eine kleine Halle, in der sich zuerst ein weiterer formeller und folgend dann der ausgelassene Teil abwickeln würde.

Nun war auch meine große Stunde – eine säuberlich vorbereitete Rede – gekommen. Ich erhob mich und begann zu sprechen, derweil die Gäste allmählich in Schweigen verfielen: „Wie viele von euch wissen, kennen Adolf und ich uns schon, seitdem wir zehn, beziehungsweise elf sind und haben dementsprechend natürlich viel gemeinsam erlebt. Ich erinnere mich noch daran, wie er mir die erste Freundin vorgestellt hat …“ Ich redete über unsere Jugend, erzählte mancherlei erheiternde Anekdote und fand mich schließlich in einem mir nur allzu bekannten tranceartigen Zustand wieder, der mich alles um mich herum, sogar die Worte selbst, ausblenden ließ. Als ich schließlich geendet hatte, brandete eine kurze Welle des Applauses über mich hinweg, bevor ich mich erneut niedersetzte.

Mit dem Buffet begann dann der interessanteste Teil, doch wartete ich den großen Ansturm erst einmal in aller Ruhe ab.

Adolf und Judith schritten zu mir und bedankten sich für meine Rede, die ihnen anscheinend äußerst gefallen hatte. Wir plauderten eine Weile und Hedwig sowie Heinrich, die sich an unsere Seite gesellten, beglückwünschten mich.

„Ein Foto von den Freunden!“, sprach der eigens engagierte sowie stets auf der Suche scheinende Fotograf entzückt und betätigte seine Kamera, nachdem wir fünf uns positioniert hatten; so schnell er erschienen war, zog es ihn auch wieder fort.

Wir kehrten zu unserem Gespräch zurück.

„Du bist dann der nächste, Hermann“, sprach Heinrich lachend, während die anderen zustimmend mit einfielen.

„Ich bin derzeit nicht einmal in einer Beziehung“, entgegnete ich grinsend. „Außerdem wisst ihr doch, dass ich nicht unbedingt heiraten möchte.“

Die vier nickten einstimmig lächelnd.

Nach dem gemeinsamen Mahle zog es mich nach draußen hin, wo ich mich abseits auf einer Bank niederließ; ich brauchte Zeit für mich allein, Zeit zum Nachdenken. Die Stimmung war bezaubernd, und meine Freunde so glücklich zu sehen, bereitete mir großes Wohlempfinden, aber dennoch verzog es sich in mir. Es schien, dass ich, abgesehen von ein paar Kindern, wie Maria oder Bernd, mit die einzige Person darstellte, die ohne Begleitung gekommen war. Es wirkte, als ob sich die Blicke der anderen auf mich richten würden, fragend, warum ich allein war, ob sie krank sei, ich gar unverheiratet, gar ohne Beziehung sei. Seitdem Anna und ich unsere Bande gelöst hatten, hatte sich für mich keine neuerliche Beziehung ergeben, und unwillkürlich stellte ich mir die Frage, ob irgendetwas nicht mit mir stimmte. Diesen schrecklichen Gedanken einmal gedacht, begann ich, die Ereignisse der ferneren Vergangenheit zu ordnen und blind zu durchwühlen, unwissend, was ich eigentlich zu finden hoffte. Irgendwann dann verwarf ich jenen Gedankengang wieder, gelangte zu dem Ergebnis, dass alles in Ordnung war, ich lediglich Pech, beziehungsweise kein Glück gehabt hatte. Mit dieser Erkenntnis, beruhigt, doch auch nicht befriedigt, wagte, ja fast schon zwang, ich mich wieder nach drinnen zurück.

Die Feierlichkeit hatte sich in meiner Abwesenheit zu einer Tanzveranstaltung gewandelt, und Maria kam mir entgegen gerannt, kaum dass ich den Saal von Neuem betreten hatte. „Onkel Hermann! Onkel Hermann“, rief sie strahlend aus. „Guck mal, was mir Adolf beigebracht hat.“

Sie zeigte mir einen kleinen Taschenspielertrick, erstaunlich komplex für ihr Alter.

„Wie hast du das gemacht?“, sprach ich verblüfft am Ende ihrer Vorstellung aus.

„Du bist zu langsam“, erwiderte sie lediglich und verschwand lachend in der umstehenden Menge.

Wollte ich mich gerade zum Buffet hin begeben, sprach mich auch schon die nächste Person an; es war Adolf.

„Da bist du ja, Hermann. Du warst über eine Stunde verschwunden. Wo warst du?“

Ich musste mich anscheinend vollends vergessen haben. „Ich war an der frischen Luft. Ich musste über etwas nachdenken“, erklärte ich.

„Alles in Ordnung mit dir?“, fragte er besorgten Blickes.

„Alles gut. Entspann dich, heute ist dein großer Tag. Ich musste nur über etwas nachdenken; du weißt doch, wie ich bin“, erwiderte ich knapp.

Erleichterung machte sich in seinen Augen breit und seine Mundwinkel zogen sich kaum merklich ein Stückchen weiter nach oben.

„Dann ist ja gut.“

Es zog uns zurück zu den übrigen und schließlich, nachdem wir eine gewisse Zeit verplaudert hatten, beging ich den Tanz mit Hedwig. Ausgelassen bewegte ich mich eine gute Weile lang, wechselte meine Tanzpartnerinnen und regte zum gemeinsamen, eigens für solcherlei Anlass scheinenden, Tanz an; ich hatte vollkommen vergessen, wie viel Freude mir dies alles doch bereitete. Irgendwann, von einer großen Hitze geplagt, fand ich erneut den Weg nach draußen. Ich stand lediglich da und genoss die kühlende Frische, als ich Heinrichs Stimme vernahm. Langsam schritt ich in die Richtung, aus der sie gekommen war, und erblickte ihn und Bernd hinter einer Reihe von Autos.

„Hör auf zu weinen. Bist du ein Junger oder nicht? Es ist nicht so schlimm“, sprach er zu dem Jungen, dem die Tränen die Wangen herab kullerten.

„Was ist denn passiert?“, fragte ich ehrlich besorgt.

Heinrich fuhr zusammen. „Es ist nichts!“, erklärte er und sein Gesicht verzog sich ein wenig angespannt, bevor er sich wieder zu seinem Sohn umdrehte, der sich derweil hastig die Tränen getrocknet hatte. „Ein Indianer kennt keinen Schmerz!“, flüsterte er und schien dabei anzunehmen, dass ich seine Worte nicht zu hören vermochte.

Es zog sich in mir zusammen, den Satz, den mir meine Eltern von frühster Kindheit an stets gesagt hatten, wieder vernehmen zu müssen, hatte ich doch geglaubt, dass er längst aus der Mode gekommen war. Ich ärgerte mich darüber, dass dieses Wort überhaupt verwendet wurde.

„Und jetzt ab mit dir nach drinnen“, sprach Heinrich anschließend wieder in normaler Lautstärke. Der Junge, der nicht mehr nur ein Junge war, verschwand, mit dem Ärmelsaum über die Augen wischend.

„Was ist denn passiert?“, wagte ich nochmals vorsichtig zu fragen.

„Nichts! Der Junge muss lediglich erwachsen werden.“

„Meinst du wirklich, dass es gut ist, so mit Bernd zu reden?“

„Der Junge muss erwachsen werden und soll sich zusammenreißen. Er ist zu alt für solcherlei Benehmen“, antwortete er barsch und fügte sanfter hinzu. „Hermann, wenn du selbst Kinder hast, verstehst du, was ich meine.“

Ich schluckte meine Erwiderung hinunter und hüllte mich in Schweigen.

Kapitel 7

1968

Ich lernte sie in den großen gesellschaftlichen Wirren jenen Jahres kennen. Obwohl mein Wissen der bildnerischen Kunst, mangels schulischer wie familiärer Bildung, gering, wenn nicht geradezu beschränkt war, hatte ich mich von Georg zum Besuche einer Ausstellung zeitgenössischer Kunst mitnehmen lassen. Erst auf dem Wege dorthin eröffnete er mir, dass sich eine ihm gute und jahrelang bekannte Freundin unter den glücklichen Künstlern befand, und er gedachte eben jene mir vorzustellen.

Die Kunsthalle war größer als vorausgesehen und es herrschte ein allseits gediegenes, geschäftiges Treiben. Die Werke, die ich betrachtete, erregten trotz wenigen Verständnisses mein Interesse und ich fragte mich, weshalb ich nicht früher schon einen solch ähnlichen Besuch gewagt hatte. Schließlich stellte mir Georg besagte Freundin, Lea, vor. Sie war von großer Statur, trug das braune Haar vergleichsweise kurz, wodurch ihre großen, braunen Augen nur umso stärker den Blick auf sich lenkten. Lea schien mir eine offene Person zu sein, plauderte von diesem und jenem, erläuterte uns freudig, doch voller Nüchternheit ihre Bilder, derer sie ganze sechs ausstellen durfte; zwei davon zeigten ungeschönt, auf groteske Art die Schrecken der vergangenen Kriegsverbrechen.

Leas Stimme war angenehm zu lauschen und sie ertrug meinen Fragenhagel mit äußerster Gelassenheit.

„Und wie lange malst du nun schon?"

„Seitdem ich vierzehn bin", antwortete sie mit einem Lächeln.

„Wann hast du das erste Mal etwas ausgestellt?"

„Vor zehn Jahren. Dies ist insgesamt meine dreizehnte Ausstellung."

„Wie viele Werke hast du schon vollendet?“

„Dreiunddreißig. Und bald habe ich das nächste fertig gestellt.“

Ich musste wohl äußert verblüfft geschaut haben, denn rasch fügte sie hinzu: „Trotz allem kann ich nicht von der Malerei leben. Aber es ist eine schöne und auch gewinnbringende Freizeitbeschäftigung.“

„Und als was arbeitest du?“

„Ich arbeite als Psychotherapeutin.“

Ich fragte sie noch eine Weile über ihre Bilder aus, versuchte, das Gesagte in Zusammenhang mit mir bekannten Malern zu bringen.

„Hermann, wir müssen weiter, wenn wir noch die restlichen Bilder sehen wollen. Die Ausstellung schließt in zwanzig Minuten“, unterbrach uns schließlich Georg, der sich die meiste Zeit mit Zuhören begnügt hatte.

Ich nickte.

„Es war schön, dich kennen zu lernen“, verabschiedete ich mich förmlich.

„Wenn du gerne mehr über die Bilder erfahren möchtest“, Lea tat eine kreisende Handbewegung, „kannst du morgen gerne wiederkommen. Es werden nicht allzu viele Besucher erscheinen, weshalb ich viel Zeit haben werde.“

„Wenn es keine Mühe macht: gerne“, erwiderte ich – ein wenig verlegen.

„Nein, tut es nicht. Damit wäre der morgige Tag auch deutlich interessanter. Sonst müsste ich die meiste Zeit einfach nur gelangweilt rumstehen.“

Ich nickte. „Dann morgen um zehn“, sprach ich und sie willigte ein.

Georg und mich zog es noch weiter durch die Ausstellung und es gelang uns noch gerade so, alle Werke zu bestaunen, bevor uns der Sicherheitsdienst auch schon höflichst nach draußen scheuchte.

*

Wie abgesprochen schlug ich am nächsten Tage um Punkt zehn auf und wie Lea vorausgeschaut hatte, tummelte sich kaum jemand durch die nun groß anmutenden Gänge und Hallen. Nachdem wir uns mit einem schwachen Händedruck begrüßt hatten, begann sie, mich durch die Ausstellung zu geleiten. Voller Enthusiasmus erklärte sie mir die verschiedenen Stile, Künstler und Geschichten dahinter, derweil ich ihr fasziniert wie gebannt lauschte, dann und wann sie erneut mit Fragen überhäufte. Ich wusste nicht wieso, aber häufig brachte meine Fragerei sie zum Lächeln; vielleicht war es auch meine schonungslos offene Wissbegierde, meine Bildungslücke der Vergangenheit angehören zu lassen.

So brachten wir insgesamt einige Stunden zu und Lea erzählte mir unter anderem auch, dass ihre künstlerischen Vorbilder Frida Kahlo, die Kollwitz, Dalí, Klee, Blake und Munch waren. Besonders bewunderte sie einen, vor nicht allzu langer Zeit verstorbenen, mir vollends unbekannten Maler namens Jackson Pollock.

Im Laufe unseres sich der Führung anschließenden Gespräches erfuhr ich, dass sie vier Jahre jünger als ich selbst war und zum Ende des Krieges mit ihrer Familie aus Schlesien hatte flüchten müssen.

„Wir haben damals alles verloren. Die ersten Jahre danach waren wirklich sehr hart, und das, obwohl uns unsere Verwandten in Köln geholfen haben, wo sie konnten“, erklärte sie und erzählte noch eine Weile vom Krieg und der Zeit danach, dies alles angenehm unverblümt, offen und ungeschminkt, wie ich es kaum kannte. Hiernach befragte sie mich über meine Kindheit, und ich wagte es, ihr von meinen vielen Erlebnissen, sogar von meinen Eltern zu berichten; Lea entpuppte sich als gute Zuhörerin.

„Wir sind die neue Generation, die die Dinge hoffentlich besser machen wird. Und wir sind nicht schuld an den Fehlern unserer Eltern“, sprach sie sanft und nachdenklich zugleich.

Schließlich, zu unser beider großer Verwunderung, schloss die Ausstellung und wir schieden mit dem Plane eines gemeinsamen Abendessens auseinander. Als ich durch die Dunkelheit dahin schritt, wurde mir voller Verwunderung gewahr, wie eigentlich unnatürlich vertraut sie mir nach diesem einen Tage doch schien.

*

Den Samstag darauf trafen wir uns des Abends nicht unweit des Bonner Münsters in einem italienischen Restaurant, derer sich in der letzten Zeit so einige gegründet hatten. Wir aßen und redeten, tranken und lachten, brachten einen wirklich schönen Abend zu. Erstaunt stellten wir fest, dass wir unsere Ansichten teilten, dass sich die Gesellschaft in sich selbst festgefahren hatte und sich nun – in erster Linie jedoch aufgrund der Alten – kaum vorwärts bewegte.

„Unser Wertebewusstsein steckt immer noch in der Vergangenheit fest“, erklärte Lea verbittert, und wir sprachen noch eine ganze Weile hiervon, diskutierten mit wachsendem Gefallen – ohne jegliche Hitze – die allgemeinen Probleme, die wir sahen; was uns jedoch ebenso beschäftigte, war die Angst vor einer zunehmenden Radikalisierung des Gesellschaftskonfliktes.

Im Laufe unseres angenehmen Gespräches erfuhr ich auch, dass Lea zutiefst begeistert von Simone de Beauvoirs Person und Theorien war.

„Möchtest du eigentlich Kinder haben?“, fragte sie irgendwann frei heraus.

„Ich weiß es nicht“, erwiderte ich und erzählte ihr von meinem persönlichen Konflikt in diesem Thema.

„Das kann ich verstehen. Ich fürchte mich bisweilen auch davor, zu stark nach meinen Eltern zu kommen“, erklärte Lea, als ich geendet hatte, und fügte bei: „Ich selbst möchte keine

Kinder haben, weil ich schlichtweg nicht meine Unabhängigkeit aufgeben will."

„Das ist ein Punkt", stimmte ich ihr zu. „Und was wäre, wenn du einen Partner finden würdest, der sich genauso wie du um euer Kind kümmern würde?"

„Die Wahrscheinlichkeit, dass das geschieht, ist heutzutage äußerst gering, wie wir beide wissen. Und selbst wenn: Als Eltern gibt man trotzdem einen Teil der eigenen Unabhängigkeit auf."

Wir konversierten noch einige Zeit angeregt über solcherlei Themen, doch schließlich endete auch unser schöner Abend. Nachdem wir die Rechnung getrennt beglichen hatten, verließen wir das Restaurant, schieden mit dem Versprechen eines neuerlichen Treffens auseinander.

*

In den sich anschließenden Wochen wie Monaten verkehrten wir wieder und wieder miteinander, sahen uns zumeist mehrmals die Woche. Mit der Zeit begannen wir auch, den unterschiedlichsten, größeren Unternehmungen gemeinsam nachzugehen, fuhren einmal sogar für eine Handvoll von Tagen nach Belgien hin. Georg, Adolf und Hedwig fragten mich nach und nach, wiederholt, auf die ein oder andere Art, wie es um uns war, doch erklärte ich, zu ihrer aller Enttäuschung, stets aufs Neue, dass wir nicht zusammen waren; die einzige Person, die ganz einfach hinnahm, wie die Dinge langsam ihren Lauf nahmen, war Anna.

Obwohl ich es bereits früh verspürt hatte, benötigten meine Gefühle Zeit, sich zu entfalten, genauso wie das, was Lea und mich so sehr, und auch spürbar, verband.

Eines Tages dann, vollkommen unspektakulär, aber dennoch unerwartet, gestand sie mir ihre Zuneigung und stellte mir die eine Frage. Erfüllt von Herzklopfen bejahte ich, und wir traten als Paar zusammen.

Kapitel 8

1970

„Und wie geht es deinen Eltern“, fragte Anna, begleitet von einem schwachen Knistern in der Leitung.

„Soweit so gut“, erwiderte ich. „Aber mein Vater leidet mehr und mehr darunter, dass er nicht mehr sprechen kann. Ich habe das Gefühl, dass es schlimmer geworden ist.“

„Inwiefern schlimmer?“ Ihre Stimme klang besorgt.

„Ich kann es nicht wirklich benennen, aber es kommt mir so vor, dass es ihm inzwischen schlichtweg mehr ausmacht“, erklärte ich mit ein wenig Verzweiflung in der Stimme.

Seit Jahren kommunizierte mein Vater lediglich mit Mimik, Gestik und beschriebenem Papier, während ich – wie stets – zu ihm sprach.

Anfangs war es ihm schwergefallen, dies alles so hinzunehmen, doch nach und nach hatte er sich mit sich selbst und der Situation arrangieren können, und eine neue Zufriedenheit hatte sich über ihm ausgebreitet. Dennoch: seit einigen Monaten schien er, zu unser aller trister Verwunderung, resigniert, geradezu unterschwellig erbost.

„Vielleicht liegt es auch daran, dass ihm seit dem letzten Mal das Gehen große Probleme und Beschwerden bereitet.“

„Du meinst, dass er sich gehen lässt?“, klang Annas vorsichtige, sanfte Stimme aus dem Hörer.

„Das ist meine Vermutung. Mein Vater liebt Sprache über alles und es tut ihm nach wie vor sehr weh, dass er nicht mehr sprechen, lediglich leise, undefinierbare, unverständliche Laute formen kann.

Und inzwischen bereitet ihm das Gehen große Probleme. Deshalb kann er auch fast keine Reisen mehr unternehmen. Das hat ihm früher immer so viel Spaß gemacht, aber nun kann er es kaum noch. Meine Mutter muss ihm ständig helfen und bisweilen kann er sich nicht mal verständlich machen; wenn sie ihm beim Duschen hilft, kann er dabei schlecht auf ein Papier schreiben, nur um mal ein Beispiel zu nennen. Letzten Monat wollte er nachts auf Toilette gehen und ist auf dem Weg hingefallen … Meine Mutter hat ihn erst am nächsten Morgen gefunden."

„Das klingt übel", antwortete Anna und schob vorsichtig nach: „Hast du versucht, mit ihm darüber zu reden?"

„Natürlich. Ich habe ihn gefragt, was los sei … Aber er sagt immer nur, dass alles in Ordnung sei – was ich ihm jedoch nicht glaube. Irgendetwas stimmt nicht mit ihm. Meine Mutter sieht es genauso, und ihr erklärt er auch nicht, was mit ihm ist. Wir machen uns beide wirklich Sorgen."

Es tat gut, mal mit Anna darüber zu sprechen, auch wenn Lea für mich eine große Stütze war, sie mir zuhörte, wann immer es mich belastete.

„Tut mir ehrlich leid für euch."

„Danke." Und nach einer Pause fügte ich hinzu: „Ich weiß nicht, was ich machen soll."

„Sprecht mit den Ärzten", schlug Anna vor. „Und egal, was geschieht: Du kannst immer mit mir reden."

„Dankeschön", sprach ich, derweil mir warm ums Herz wurde. „Und wie ergeht es dir derzeit?", fragte ich.

„Mir geht es gut. Vor drei Wochen waren Richards Schwestern zu Besuch und wir sind gemeinsam für ein paar Tage nach Paris gefahren – du müsstest bald eine Postkarte erhalten."

„Dann vorab schon einmal Dankeschön."

Anhand der kurzweiligen Stille erkannte ich, dass sie lächelte. „Richard und ich sind vor ein paar Tagen mit Lars ans Wattenmeer gefahren. Du hättest es sehen müssen, Hermann. Er hat so viel Spaß gehabt und ist mit so viel Energie durch das Watt gerannt. Es war unglaublich", erzählte sie enthusiastisch weiter, lachte leise, was aufgrund der Verzerrung stets ein wenig unheimlich klang.

Ich erinnerte mich kurz daran, wie ich ihren Neffen vor vier Jahren kennen gelernt hatte, und fragte mich, wie er nun wohl aussehen mochte.

Ich vernahm, wie sich der Schlüssel in der Haustür drehte, sich diese im nächsten Moment öffnete.

„Wenn wir schon beim Thema sind: Wie geht es eigentlich Maria?“, fragte Anna.

Lea trat ins Wohnzimmer ein.

„Mit wem telefonierst du?“, formten ihre Lippen leise.

„Mit Anna“, erwiderte ich, den Hörer ein wenig von meinem Mund fernhaltend.

„Grüß sie bitte von mir.“

Sie drückte mir einen flüchtigen Kuss auf die Wange, enthuschte in den Flur.

„Liebe Grüße von Lea“, sprach ich wieder in den Hörer.

„Dankeschön.“

„Maria geht es auch gut. Sie war das letzte Wochenende komplett bei uns und hat sich richtig gefreut, dass sie länger aufbleiben durfte als zuhause“, sprach ich mit einem Lächeln. „Man merkt auch, dass sie immer älter wird. Vor allem da sie ja nun auch auf der weiterführenden Schule ist. Manchmal fühle ich mich wirklich alt.“ Ich lachte und Anna fiel mit ein.

„Da geht es mir auch nicht anders. Und du müsstest da mal Richard hören“, prustete sie.

„Hast du schon das neue Haus von Adolf und Judith gesehen?“, fragte sie, nachdem sich wieder Ruhe zwischen uns ausgebreitet hatte.

„Ja, es ist wirklich schön. Leider dauert es nun immer ein wenig, bis ich bei ihnen bin, aber immerhin wohnen sie noch in Bonn“, antwortete ich. Anna lachte leise. „Hast du Judith schon gesehen, seitdem sie schwanger ist?“, fragte ich.

„Ja, klang Annas freudige Stimme zu mir durch. „Sie ist ganz schön rund geworden.“ Sie lachte leise.

„Ja“, stimmte ich ihr zu. „Und sie hat ihre Anstellung gekündigt, um für das Kind sowie das folgende da zu sein“, fügte ich bitter hinzu.

„Wie schade“, erwiderte Anna traurig.

Wir schwiegen.

„Ich weiß nicht, was los ist. Irgendwie bekommen alle meine Freunde Kinder“, sprach ich nachdenklich. „Abgesehen von dir“, ergänzte ich.

„Daran wird sich auch nichts ändern – da brauchst du keine Angst zu haben.“

Stille, und ich wusste nicht, was ich sagen sollte, meinte ich doch, eine gewisse unterdrückte Traurigkeit in ihrer Stimme vernommen zu haben.

„Richard kann keine Kinder zeugen“, brach sie das Schweigen.

Es ward mir, als ob sich mein Magen zusammenziehen würde, wusste ich doch, wie gerne sie Kinder hatte, gar Mutter geworden wäre. Jegliche Worte schienen aus meinem Kopfe zu strömen und es fiel mir schwer eine Antwort zu finden.

„Das tut mir leid“, war das Einzige, das ich schließlich hervorzubringen wusste.

„Danke. Aber es geht schon … irgendwie“, erwiderte sie, ihre Worte hierbei emotionslos.

„Wenn du mit mir reden möchtest, kannst du das immer tun, wie du weißt, Anna“, erklärte ich.

„Danke, Hermann.“

Schweigen.

Ich begann wieder zu sprechen und lenkte unser Telefonat in eine andere Richtung.

Nach einer Weile dann sagte Anna: „Hermann, ich muss nun mal auflegen, da Richard und ich gleich ins Theater gehen – sie zeigen Ibsens *Ein Volksfeind.* Ich soll dir liebe Grüße von Richard sagen und dir nochmals seinen Dank dafür, dass du ihm die Festung Ehrenbreitstein gezeigt hast, ausrichten.“

Sie lachte kurz, derweil ich mich bedankte.

„Obwohl das schon Monate her ist, spricht er immer noch davon. Wie auch immer: Macht es gut. Und grüß Lea bitte lieb von mir zurück."

„Mach ich. Und ich wünsche euch einen schönen Abend. Tschüss."

Das unterschwellige Knistern der Leitung erstarb. Ich erhob mich, ging in die Küche und fand Lea vor.

„Anna wünscht dir auch liebe Grüße", erklärte ich.

„Dankeschön", erwiderte sie, fügte hinzu: „Und hallo, Hermann."

Wir drückten unsere Lippen aufeinander, verweilten kurz in unserer Umarmung.

„Wann treffen wir uns nochmal mit Thomas?", fragte ich, als wir uns lösten.

Thomas, ein alter Studienfreund Leas, war es gelungen ein Buch zu veröffentlichen, und er hatte uns voller Stolz zu seiner ersten Lesung geladen.

„Die Lesung beginnt um neun. Aber wir treffen uns mit ihm schon in eineinhalb Stunden", erwiderte sie lächelnd.

„Dann bleibt ja noch genug Zeit, etwas zu essen", stellte ich erleichtert fest und wir machten uns ans gemeinsame Kochen.

Kapitel 9

1971

Wir hatten uns frei genommen und genossen das gemeinsame Frühstück in unserer Wohnung, während draußen vor dem Fenster das Aprilwetter sein Unwesen trieb. Unser Gespräch wand sich um die verschiedensten Themen, und wir saßen noch lange da, obgleich das Mahl schon längst beendet. Schließlich erhoben wir uns dann doch. Lea holte die morgendliche Zeitung herein, derweil ich mich dem Abräumen sowie Spülen widmete.

„Hermann!“, drang ihr Ruf plötzlich aus dem Flure zu mir in die Küche her.

„Hermann, das musst du sehen!“

Im nächsten Moment stand sie auch schon bei mir. Das Gesicht erstaunt, begeistert und aufgehellt zugleich hielt sie mir die Zeitung, dabei einen Daumen zwischen den einzelnen Blättern versenkt, einladend entgegen gereckt. Nun selbst neugierig nahm ich sie entgegen und begann, den mir markierten Artikel zu lesen. Er handelte davon, dass eine Gruppe von mehreren hundert französischen Frauen in einem Manifest angab, abgetrieben zu haben, was gegen geltendes Gesetz ihres Landes verstieß; der Text des Manifestes war von der allseits bekannten Simone de Beauvoir verfasst worden.

Die Aktion zielte, wie die zutiefst kritische Stimme des Artikelschreibers erklärte, darauf ab, das derzeitige Gesetz zu ändern.

„Verstehst du, was das heißt?“, fragte Lea aufgeregt, sobald sich meine Augen von den Lettern gelöst hatten.

„Wenn wir Glück haben, wird diese Aktion auch die Debatte in Deutschland neu anstoßen“, antwortete ich und fühlte, wie mich nun auch ihre Erregung ergriff.

Sie nickte heftig. „Vielleicht wird das veraltete Gesetz dann auch endlich einmal geändert werden – sofern wir Glück haben."

„Ich hoffe es. Aber in diesem Artikel zum Beispiel werden die Frauen als Verbrecherinnen bezeichnet", kommentierte ich traurig.

„Ich weiß", erwiderte sie und ihre Augen spiegelten eine gewisse Desillusion wider. „Aber die Sache ist die: es führt doch zu nichts, es einfach nur zu verbieten. Das hat bei solcherlei noch nie geholfen, weil es Dinge gibt, die man schlichtweg nicht verbieten kann. Die Leute werden es auch weiterhin tun – Verbot hin oder her."

Ich pflichtete ihr bei.

„Das Einzige, wozu das Verbot führt, ist, dass sich die Frauen in prekäre Umstände bringen müssen und zusätzlich zu all der Belastung auch noch geächtet werden", empörte sich Lea.

Sie tat eine kurze Pause und holte dann tief Luft. „Ich habe selbst abgetrieben, Hermann." Sie schaute mich an, wie als ob sie eine bestimmte Reaktion – schwer zu sagen, welche – in meinen Augen suchte. Ich selbst wagte es nicht, zu sprechen, fürchtete ich – weshalb vermochte ich nicht zu sagen –, sie mit meinen Worten verletzen zu können.

Sie fuhr fort: „Ich war sechzehn und ging noch zur Schule; damals wusste ich nicht einmal, wie ich schwanger geworden bin. Aber egal wie … ich wäre nicht in der Lage gewesen, mich um ein Kind zu kümmern. Meine Eltern hätten mir nicht geholfen. Selbst wenn sie es gewollt hätten, wären sie nicht dazu in der Lage gewesen, weil sie alles im Krieg verloren hatten und seitdem versuchten, sich wieder ein Leben aufzubauen. Mein Vater hätte mich sogar geschlagen, wenn er davon erfahren hätte und somit konnte ich mich nicht an sie wenden." Sie holte erneut Luft, derweil ihr Blick weit in die Ferne gerichtet schien. „Schließlich wandte ich mich an eine Freundin und erfuhr, dass sie selbst ein Jahr zuvor abgetrieben hatte. Als sie ihrem damaligen Freund erzählt hatte, dass sie schwanger war, hatte er kurzerhand mit ihr Schluss gemacht. Er hatte ihr gesagt, dass das Kind nicht von ihm stamme, und hatte sie bezichtigt, ihn betrogen zu haben. Ihr Vater weigert sich bis heute, mit ihr zu sprechen. Ihre Mutter war die einzige Person, die ihr geholfen hätte, doch wollte sie sich nicht ihrem Mann entgegenstellen. Somit verblieb ihr niemand, der sie unterstützt hat, und sie entschied sich, abzutreiben.

Von ihr habe ich den Namen des Arztes erfahren, der die Abtreibung dann durchführte. Meine Eltern haben von all dem bis heute nichts erfahren und ich werde es ihnen auch nie erzählen."

Stille, unterspült von Kälte, breitete sich aus. Ich wusste nicht, was ich sagen wollte. Es war einer dieser Momente, nachdem man eine dieser Geschichten erzählt bekommen hatte, die das Herz berührten und einen zutiefst emotional und entleert zugleich zurückließen.

„Es war keine leichte Entscheidung. Weder für sie noch für mich. Warum verstehen die Leute das nicht?", sprach sie mit brüchiger Stimme.

Vorsichtig schlang ich meine Arme um sie, und sie erwiderte die Umarmung. „Eines Tages wird man das Gesetz ändern", flüsterte ich. Als ich die Tränen in meinem Nacken spürte, bemerkte ich, dass sie weinte.

Es sollte noch mehrere Jahre dauern, bis die gesetzlichen Bestimmungen in Deutschland geändert wurden.

*

Hedwig saß, die Hände unruhig ineinander gefaltet, mir gegenüber in der Wohnung. Ich war gespannt, zutiefst besorgt wie irritiert über ihren Besuch, um welchen sie mich gestern gebeten hatte, ohne mir jedoch mitzuteilen, weshalb sie dringend das mit mir alleinige Gespräch suchen musste.

„Was ist passiert?", wagte ich nun zu fragen, derweil ich zwei

Tassen dampfenden Tees zwischen uns drapierte.

„Ich muss mit dir reden, Hermann. Ich weiß nicht, mit wem ich sonst reden soll.“

„Danke, aber …“

„Ich weiß nicht, wo ich anfangen soll“, unterbrach sie mich und fuhr, ohne auch nur im Mindesten in ihrem Fluss zu stocken, in einem fort, „es ist wegen Heinrich. Unsere Ehe funktioniert nicht mehr so richtig. Seit längerem schon. Selbst Bernd und Maria ist das schon aufgefallen.“

Von all den vielen Szenarien, die ich mir kühn erdacht hatte, spiegelte dieses eines der wenigen wider, die ich wohl übergangen haben musste; ich ärgerte mich über mich selbst.

„Du wirkst überrascht, aber damit hatte ich gerechnet. Nach außen hin, geben wir uns ja auch als fröhlich Familie, als heiles Paar! Aber das ist nicht die Wahrheit“, sprach Hedwig, leicht verbittert und, von ihr so ungekannt, zynisch.

„Wie lange geht das nun schon so?“

„Seit etwas über zwei Jahren. Ich weiß nicht, was ich tun soll. Wir beide haben schon alles Mögliche ausprobiert, damit es wieder besser wird. Aber nichts hat funktioniert.“ Und mit gedämpfter Stimme, als ob sie befürchten müsse, dass jemand lausche, fügte sie hinzu: „Ich habe auch das Gefühl, dass es Heinrich viel weniger trifft als mich, fast schon, als ob es ihm egal sei, wie unsere Beziehung derzeit verläuft.“

„Habt ihr mal professionelle Hilfe in Anspruch genommen? Es gibt inzwischen ja auch so etwas wie Therapeuten für Paare“, erwiderte ich.

„Nein!“ Ihr Kopf ruckte schlagartig heftig von einer Seite zur anderen. „Das würden weder er noch ich jemals in Betracht ziehen.“

„Und wieso nicht?“, hakte ich vorsichtig, behutsam nach.

„Weil wir beide schlichtweg nicht dorthin gehen wollen", erklärte Hedwig, während sich ihre Lippen ungewöhnlich hart aufeinanderpressten.

Ich überlegte, was ich als nächstes sagen konnte, reichte ihr eine Keksdose, schlichtweg um ein wenig Zeit zu gewinnen; sie lehnte ab.

„Es ist …“, begann sie, brach ab und fing an, ihre Hände zu kneten, dabei ins Leere starrend, wie in Gedanken gefangen.

„Hedwig?“

Ihr Blick kehrte wieder zurück und zu meinem Schocke wurde ich gewahr, dass er sich in der Zwischenzeit mit Tränen gefüllt hatte.

„Ich habe das Gefühl, dass ich für ihn, auch für die Kinder, jegliche Möglichkeiten auf eine Karriere aufgegeben habe. Und nun frage ich mich, wo ich eigentlich stehe, was ich erreicht habe“, erzählte sie langsam, scheinbar mühevoll.

Ich wagte es nicht, sie zu unterbrechen, fühlte mich alles andere als hilfreich.

„Wieder und wieder frage ich mich, ob ich etwas anders hätte machen sollen, was ich anders hätte machen sollen. Aber ich finde keine Antwort und ich weiß nicht, ob ich das erleichternd oder erschreckend finden soll. Hermann, ich habe nie studiert, obwohl ich das Zeug dazu gehabt hätte.“

„Du kannst immer noch studieren, Hedwig. Du bist immer noch jung und ..."

„Und wer kümmert sich um die Kinder? Ich kann meine Familie nun nicht im Stich lassen, Hermann. Heinrich hat keine Zeit und wäre auch kaum dazu in der Lage. Das letzte Mal, als ich für ein paar Tage Verwandte besucht habe, ist alles drunter und drüber gegangen“, brach es aus ihr hervor – traurig wie resigniert.

„Du würdest deine Familie doch nicht im Stich lassen, Hedwig“, hielt ich dagegen.

Stille legte sich über uns.

„Manchmal frage ich mich, wie mein Leben verlaufen wäre, wenn ich nie Mutter geworden wäre, nie geheiratet oder schlichtweg einen anderen Mann kennen gelernt hätte. Damals bei unserer Heirat, davor noch, als ich Heinrich nicht einmal gekannt hatte, hatte ich immer gedacht, dass ich eines Tages heiraten und alles schön werden würde. Ich weiß noch – als der große Tag gekommen war, habe ich mich so glücklich gefühlt wie noch nie zuvor in meinem Leben."

Mich überwindend sprach ich mit aller erdenklicher Vorsicht die Worte aus, die mir seit einiger Zeit schon im Geiste umhergeschwirrt waren: „Hast du mal darüber nachgedacht, dich scheiden zu lassen?"

Ihre Augen musterten mich starr, entsetzt und irgendwie nicht von dieser Welt.

„Niemals", hauchte sie.

„Hedwig, alles, was du mir erzählt hast, sagt aus, dass du dich nicht mehr wohl fühlst und …"

„Niemals, Hermann." Ihre Augen schauten fast schon trotzig. „Das kann ich den Kindern nicht antun. Und was würden meine Eltern sagen", fuhr sie ein wenig sanfter fort und sprach dann ganz sachte, beinah so leise schon, dass ich es nicht hätte vernehmen können: „Außerdem liebe ich Heinrich ja nach wie vor."

Sie ließ sich in ihrem Sessel tief nach hinten gleiten und einsinken. Nun wusste ich nicht, was ich noch erwidern sollte, konnte, gar wollte. Eine Freundin, noch dazu Hedwig, so zu sehen, tat mir aus tiefster Seele weh.

„Und was wirst du nun tun?", wagte ich schließlich nach einer Weile zu fragen.

„Ich weiß es nicht", gab sie kauernd zu.

Wir fielen wieder in unser Schweigen zurück, angefüllt mit tristen Gedanken.

Schließlich begannen wir, über irgendeine Belanglosigkeit zu plaudern und irgendwann erzählte ich ihr von der Situation meines Vaters.

„Er lässt sich gehen. Meine Mutter und ich wissen nicht mehr, was wir tun sollen, genauso wenig wie die Ärzte. Es ist so, als ob ich ihm von Mal zu Mal mehr und mehr beim langsamen, aber sicheren Sterben zusehen würde“, sprach ich das aus, was mich seit Monaten nun schon verfolgte und mir unliebsam häufig Kopfzerbrechen gebot.

Hierüber verloren wir noch eine ganze Weile lang so einige Worte und Hedwig erzählte mir, dass ihr Vater inzwischen angefangen hatte, fast ständigen Gebrauch von einem Gehstock zu machen.

Doch wie immer musste auch Hedwig eines Momentes dann zurück nach Koblenz kehren und wir verabschiedeten uns herzlichst, tauschten unseren Dank fürs Zuhören aus. Als ich sie so davon Richtung Bushaltestelle schreiten blickte, wollte ein tristes, mulmiges Gefühl, das mich von unserem Gespräche an begleitet hatte, nicht mehr von mir lassen. Es blieb ein unliebsamer Beigeschmack und ich versenkte meine Gedanken in mein Buch.

Kapitel 10

1972

Der alles verändernde Anruf ereilte uns eines schönen Sonntagmorgens. Nichts ahnend, gedanklich noch am Frühstückstische verweilend, nahm ich ab.

Stille und lediglich das flüchtige Knistern kündete davon, dass mich meine Ohren zuvor nicht getrogen hatten.

„Hallo?“

Keine Antwort.

„Hallo? Wer ist da?“

Erneute Stille.

Ich wollte den Hörer schon aus der Hand nehmen, als doch noch eine schwächliche Stimme ertönte: „Hermann … Friedrich ist tot.“

Meine Welt brach in sich zusammen. Ich wusste nicht, was ich sagen sollte, schien mir jegliche Antwort falsch und unpassend. Zugleich war da aber auch ein groteskes, verdrehtes Gefühl von Erleichterung, das sogleich von Schuld aufgrund dessen, was nie gewesen war und niemals sein würde, überspült wurde.

„Wir kommen.“ Ich ließ den Hörer in die Halterung poltern und tastete mich zurück ins Esszimmer.

„Mein Vater ist tot“, sprach ich mit leiser Stimme, wie ein Geheimnis, das seine Bedeutung verliert, wenn man es zu laut ausspricht. Lea schoss entsetzten Antlitzes nach oben und schloss mich in ihre Arme; dann ließen wir unser halb geendetes Frühstück zurück.

Die Fahrt nach Koblenz war mir noch nie so lange vorgekommen, und dennoch verlor ich kein Wort, ebenso wie Lea, die mein Schweigen respektierte; ich war froh, dass ich nicht zum Fahren verdammt war, während meine Finger nun wie unablässig auf meine Oberschenkel tippelten. Meine Gedanken schweiften wild umher, und immerzu musste ich daran denken, wie die Vergangenheit meines Vaters unser beider Verhältnis belastet hatte; nun war alles vorüber.

Schließlich, nach einer scheinbaren Unendlichkeit, trafen wir in der Einfahrt ein und die Haustür wurde bereits aufgerissen, ehe wir auch nur einen Fuß nach draußen gesetzt hatten.

Hastig traten wir ein.

Die Augen meiner Mutter waren vollends verquollen und sie trug immer noch ihr Nachthemd, roch nach gerade-erst-aufgestanden.

Wortlos führte sie uns in das Schlafzimmer.

Da lag er – friedlich auf dem Rücken, mit geschlossenen Augen, die Arme sanft zu den Seiten nieder.

„Er hat nicht gelitten", murmelte meine Mutter in sich hinein. „So wie es sein sollte."

Hätte ich es nicht besser gewusst sowie das Fehlen des Hebens und Senkens seines Brustkorbes nicht bemerkt, hätte ich dies alles nur für einen schlechten Scherz, eine makabere Überraschung gehalten. So jedoch blieben mir alle Worte im Halse stecken, und in Schweigen verharrten wir, bis dann endlich der Mediziner eintraf.

*

Die Beerdigung fand an einem dieser grässlichen Dezembertage, die von einem stetgen Nieselregen begleitet werden, statt. Alle hatten sich vor der Friedhofskapelle eingefunden, geflüchtet unter triste, dunkle Schirme. Es wurde viel geweint und hinter vorgehaltener Hand gesprochen und zu meinem Bedauern zerriss kein abruptes Lachen die angespannte Atmosphäre.

Ich stand mit Lea, Adolf, Hedwig, Heinrich und Anna, zutiefst froh, dass sie alle hatten kommen können; neben meiner Mutter hielt ich es nicht aus. Sie selbst schwieg an der Seite von Hedwigs Eltern. Die restlichen Anwesenden, darunter eine Vielzahl an nahen wie fernen Verwandten, die ich alle nicht allzu häufig zu Gesicht bekam, hatten sich in Grüppchen über den Bereich vor dem Gotteshaus verteilt. Lediglich meine beiden Großmütter standen abseits, hielten sich nahe dem aufgerissenen Grabe – allein, wie ich es anders kaum kannte. Meine Großväter waren dem letzten, einer Verrücktheit gleichenden, nationalsozialistischen Aufbegehren zum Opfer gefallen, waren schließlich doch noch eingezogen worden und in den letzten Kriegswochen gefallen. Die beiden alten Damen waren sich einig: Niemand sollte sein Kind überleben.

Der Pfarrer erschien und der Tross an Menschen schlich und quetschte sich in die Kapelle. Wie ich so vorne in der ersten Reihe mit meinen Großmüttern, meiner Mutter und Lea saß, musste ich mich fragen, weshalb diese Plätze nun genau für uns vorgesehen waren, weshalb ich nicht einmal gefragt worden war, ob ich ganz vorne sitzen wollte. Während ich mich in solcherlei Gedanken verging, schritt der Gottesdienst voran und endete nach einer Weile dann. Die vielen Leute formten sich zu einer Prozession, an deren Spitze wir zum Grabe führten.

„Ich hasse Beerdigungen", flüsterte ich Lea zu, die sich bei mir eingehakt hatte.

„Glaubst du, dass sie irgendwem gefallen?", erwiderte sie leise.

„Nein. Aber trotzdem finde ich nicht, dass wir alle so traurig sein müssen. Meinem Vater ging es einfach nicht mehr gut und er hat sich selbst immer mehr gehen lassen; zum Ende hin hatte ich nicht mehr das Gefühl, dass er noch viel Spaß an seinem Leben hatte. Ich denke, es ist besser so für ihn. Und dass er nach den zwei Malen an einem weiteren Schlaganfall oder Herzinfarkt sterben würde, war auch abzusehen. Es war lediglich eine Frage der Zeit", resümierte ich.

Lea nickte bloß und ich war ihr zutiefst dankbar dafür, meine Meinung zu Kenntnis zu nehmen und mir keine Gefühlslosigkeit vorzuwerfen.

Langsam näherten wir uns dem Loch in der feuchten Erde,

kamen schließlich zum Halten. Der Pfarrer sprach noch ein paar wenige Worte und der Prozess begann. Nach und nach trat die vorderste Person in der langen Reihe hin und gab eine Hand voll Erde oder Blüten in das gähnende Loch. Ich war direkt nach meiner Mutter und meinen Großmüttern an der Reihe, stellte mich, Lea an meiner Seite, vor den kleinen Abgrund. Wie ich so meine Hand in die nassen Blütenblätter versenkte, spürte ich, wie sich scheinbar die gesamte Aufmerksamkeit auf mich gerichtet hatte. Es zog sich in mir zusammen und ich blickte in die gähnende Leere nach unten. Ich musste mich wieder all des Schönen, auch der vielen Streitereien erinnern, und es überkam mich. Vom einen auf den nächsten Moment stürzten die Tränen aus meinen Augen, rannen meine Wangen hinab und vermischten sich schließlich mit den Regentropfen auf dem Boden. Hastig öffnete ich meine Hand und die toten Blätter fielen ins Dunkle. Lea tat es mir eilends nach und wir führten unseren Weg zur Seite hin fort. Still legte Lea die Arme um mich und ich barg mich in ihrer Umarmung, während meine Sicht weiterhin vernebelte.

Es war das erste und letzte Mal, dass ich über meinen Vater Tränen vergoss.

*

Die Weihnachtstage brachte meine Mutter in unserer Bonner Wohnung zu. Lea und ich hatten sie nicht alleine feiern lassen wollen, wussten wir doch wie sehr sie noch immer um Friedrich trauerte.

Da ich die Vorweihnachtstage noch zu arbeiten verdammt war, hatten sie und Lea die schon freie Zeit genutzt, die Wohnung festlich zu dekorieren und mancherlei letzte Besorgung zu erledigen; abends dann schmückten wir gemeinsam den kleinen Christbaum.

Heiligabend begann mit einem wunderschönen gemeinsamen Frühstück. Nachmittags gingen wir traditionsgemäß in die

Kirche, wobei ich mich wie stets langweilte, und danach schloss sich, bei himmlischem Tannengeruch, der Genuss von Keksen und Kakao an.

Schließlich begingen wir die Bescherung, die wir absichtlich klein hielten. Meine Mutter beschenkte ich mit einem Krimi, Lea mit einem Buch über das Stanford Prison Experiment. Von Lea erhielt meine Mutter einen weiteren Krimi und im Gegenzug bekam sie ein neues Paar Handschuhe. Ich selbst erhielt ebenso ein neues Paar Handschuhe sowie eine Ausgabe von Simone de Beauvoirs *Le Deuxième Sexe*.

Es war ein schöner Abend. Wir saßen beisammen, lachten, redeten, verspeisten gemeinsam das wunderbare Festessen; ich fühlte mich heiter und gelöst.

Irgendwann dann wurde Lea und mir gewahr, dass sich meine Mutter ungewohnt still zurückzog, kaum noch ein Wort sprach und selten den Mund zu einem Lachen verzog.

„Was ist los?“, wagte ich schließlich zu fragen, obwohl ich die Antwort bereits zu kennen meinte.

„Es ist wegen Friedrich. Ich wünschte, er wäre hier“, sprach meine Mutter nach einer ganzen Weile.

„Ich weiß, was du meinst“, erwiderte ich.

„Was weißt du denn davon?“, fauchte sie urplötzlich zurück. „Dein Vater ist seit nicht einmal einem Monat tot und du hast ihn scheinbar schon vergessen!“ Ihre Augen trugen ein Feuer, welches ich bei ihr zuvor erst zwei-, dreimal in meinem Leben gesehen hatte.

„Das stimmt nicht“, erklärte ich, derweil ich versuchte, ruhig zu bleiben. Ihre Worte hatten mich verletzt, wusste ich doch wie ich nach außen hin wohl wirken musste.

„Nur weil es für dich vielleicht so wirkt, als ob ich nicht trauern würde, bedeutet das nicht, dass ich es nicht tue. Ich vermisse ihn – genauso wie du – wirklich sehr und muss oft genug an ihn denken. Aber das Leben geht weiter und weder er noch ich hätten etwas davon, wenn ich mich in meiner Trauer ergehen lassen würde", fuhr ich nach einer Pause fort. „Ich versuche, mich nicht davon mitzunehmen zu lassen, weshalb ich überall Ablenkung suche."

Als ich sie anblickte, erkannte ich, dass sie weinte.

Es tat mir leid und ich fühlte mich schuldig.

„Du weißt ja nicht, wie es ist, Hermann."

„Das stimmt nicht", hielt ich dagegen.

„Du wachst nicht jeden Tag in einem leeren Bett auf! Du kommst nicht nachhause in ein stilles, leeres Haus, das dir ohne ihn fremd wirkt, nur um wieder festzustellen, dass du ja doch alleine bist!", sprach sie mit lauter, brüchiger Stimme.

„Er ist immer noch mein Vater gewesen. Ich habe ihn, genauso wie du, geliebt!" Ich war wieder aufgestanden und ging ein paar Schritte auf und nieder.

„Er fehlt mir so sehr!", schluchzte meine Mutter.

„Mir doch auch", erklärte ich, ließ mich neben ihr nieder und versuchte, den Arm um sie zu legen. Sie rutschte zur Seite.

„Du verstehst es nicht! Manchmal habe ich das Gefühl, dass es dich kaum getroffen hat …" Ihre Worte gingen in ihrem Weinen unter, während sie mich aus verquollenen, wütenden Augen anstarrte.

„Nur weil ich nicht jeden Tag weine, bedeutet das nicht, dass ich nicht um ihn traure. Jeden Tag muss ich an ihn denken, Mutter! Und die Momente, in denen es nichts gibt, womit ich mich ablenken kann, sind die schlimmsten!", fuhr ich auf und verließ das Kanapee. So langsam begann ich mich zu fragen, weshalb wir sie überhaupt eingeladen hatten.

„Aber du darfst deinen Schmerz doch nicht in dich hineinfressen, Hermann! Auf Dauer wirst du daran nur zerbrechen!", schrie meine Mutter panisch und besorgt zugleich.

„Lass du mich auf meine Art trauern, und du trauerst auf deine Art!"

An diesem Punkt schritt Lea, die sich die ganze Zeit über nicht geäußert hatte, dazwischen, und wäre sie nicht gewesen, hätten wir uns bestimmt noch äußerst lange gestritten. Dennoch: es blieb der unschönste Heiligabend, den ich je erlebt habe.

Kapitel 11

1973

Die nächste Veränderung traf mich an einem scheinbar durchschnittlichen Februartag. An diesem Tage kehrte ich unerwartet früh von der Arbeit zurück, froh noch ein wenig mehr Zeit in der Tasche zu haben, um noch mancherlei Beschäftigungen nachgehen zu können. Ich trat in die Wohnung ein, legte meine Jacke nieder, wechselte die Schuhe und ließ mich von meinem Hungergefühle in die Küche führen. Nach getanem Mahle schritt ich weiter und betrat das Schlafzimmer, um meinen Arbeitsaufzug abzulegen. Was sich mir nun jedoch bot, sollte meine gesamte Welt auf den Kopf stellen.

Zwei nackte Körper aufeinander, keuchend, der obere eindeutig als Leas zu identifizieren.

Ein Teil in mir zerbrach.

Es dauerte einen quälend langsamen, scheinbar endlosen Augenblick, bis die beiden innehielten, mich entsetzt anblickten und aufschrien. Hastig ließen sie voneinander, zogen die Decke über ihre nackten Leiber und starrten mich wortlos an. Schmerzlich ward mir nun gewahr, dass es sich bei der anderen Person um Thomas handelte. Ich vermochte nichts zu sagen, derweil mein Gehirn versuchte, mit aller ihm zustehenden Macht die Szenerie zu verarbeiten, zu verstehen, zu verfremden und schließlich zu verharmlosen, doch wusste ein anderer Teil, tief in mir drin, schon längst, dass es vorbei war. Die beiden stierten mich an und ich blickte zurück, nicht einmal fähig auch nur ein Wort zu stammeln.

Irgendwann dann wagte es Lea ihren Mund zu öffnen, doch kam ich ihr zuvor.

„Raus“, brachte ich mit schwächlicher, beinah schon brechender Stimme hervor; es schien mir unfassbar anstrengend die Worte zu formen.

„Raus“, sprach ich mit mehr Nachdruck, da die beiden nicht direkt reagierten.

„Raus, raus, raaauuusss hier! Raus aus meinem Bett! Raus aus meiner Wohnung! Raus aus meinem Leben!“, schrie ich ihnen wutentbrannt entgegen.

Erschrocken stürzten sie aus dem Bett, rafften ihre Kleider zusammen.

„Hermann, ich …“

„Raus! Sofort!“, kam ich ihr dazwischen und riss die noch immer offenstehende Tür vollständig auf, scheuchte die beiden aus dem Zimmer durch den Flur.

„Hermann, meine …“

„Es ist immer noch meine Wohnung! Und nun raus hier!“, schrie ich und stieß die Wohnungstür heftig auf.

„Du kannst deine Sachen morgen alle abholen“, fauchte ich, derweil ich die beiden nach draußen bugsierte.

Dann schlug ich die Tür vor den noch immer nackten, schockiert sowie ein wenig verängstigt Dreinblickenden zu. Raschen Schrittes rauschte ich ins Wohnzimmer und ließ mich in den Sessel niedergehen. Dann kamen die Tränen und mit ihnen die traurigen, wütenden Gedanken – unaufhaltsam und schonungslos.

Vor einer Woche war Valentinstag gewesen, doch hätte ich mir in meinen finstersten Albträumen nicht ausmalen können, dass ich am heutigen Tage in einem einzigen, tief schneidenden Scherbenhaufen knien würde.

*

Langsam torkelte ich gegen die Kommode.

„Verflucht!“, lallte ich leise, während ich den gesamten Inhalt meines Glases über den Boden verteilte.

Langsam ging ich auf alle Vieren nieder und wischte das Gröbste mit dem Ärmel weg.

Es war vor genau zweiundzwanzig Tagen geschehen.

Verzweiflung und Wut hatten sich mit der Trauer über den Tod meines Vaters vermischt, doch schlimmer noch hatte es die alten, tristen, längst für alle Ewigkeiten tief verschlossen geglaubten Gedanken und Gefühle wieder hervor gerissen. Ich wollte an all dies nicht denken, aber ließ es sich nicht beiseiteschieben, befiel mich stets von Neuem, wenn ich für mich war, so wie nun. Der Alkohol gab mir Kraft in solchen Momenten, so hoffte ich es wieder und wieder, und wurde nur enttäuscht; dennoch – immerhin – fühlte es sich an, als ob zumindest mein Denken träger werden würde.

Ich stürzte mich in jegliche zu findende Arbeit, versuchte, so viel Zeit wie nur möglich mit meinen Freunden zu verbringen, aber dennoch, wenn ich alleine war, schützte es mich nicht vor meinen Zusammenbrüchen. Gefühlsvermengungen, die ich zuvor nicht einmal zu denken in der Lage gewesen war, hatten sich meiner bemächtigt und hielten mich fest und unbarmherzig umklammert; ich konnte mich nicht daran erinnern, dass es mir jemals auch nur ansatzweise so schlecht ergangen war. Ich fühlte mich neben mir, entleert und von meinem Leben erstickt. Stets verfolgten mich die schneidenden Fragen, weshalb scheinbar alle meine Beziehungen schlecht endeten, ob es an mir lag, was ich wohl falsch machte.

Und wie ich es auch drehte: ich fand keine Antwort.

Kapitel 12

1973

Die Türglocke schellte. Langsam stolperte ich zur Türe hin und zog sie nach mehrmaligem Versuchen unbeholfen auf.

Anna stand vor mir.

„Was machst du hier?“, fragte ich mit schwerer Zunge, bevor sie auch nur den Mund geöffnet hatte.

Sie hier zu sehen, ließ mich irritiert und erfreut zugleich zurück. Entsetzen spiegelte sich in Annas Augen wider, gepaart mit Traurigkeit.

„Hedwig und Adolf schicken mich“, antwortete sie knapp und schob sich an mir vorbei, zog mich mit sich, bevor ich ihre Worte auch nur realisiert hatte.

Die Tür fiel leise ins Schloss. Anna führte mich ins Wohnzimmer, setzte mich auf den Sessel nieder und nahm mir gegenüber Platz, nachdem sie einen Haufen von malträtierten Pizzakartons beiseitegeschoben hatte.

„Bist du betrunken?“, flüsterte sie.

Ich blieb ihr die Antwort schuldig.

„Du siehst grässlich aus, Hermann“, sprach sie, schaute mich dabei ernst und voller Besorgnis an. „Deine gesamte Wohnung sieht grauenhaft aus“, schob sie nach und ließ ihren Blick dabei umherwandern.

„Was willst du von mir?“, lallte ich und versuchte, mich unseres letzten Telefonates zu entsinnen.

„Adolf und Hedwig haben mich darum gebeten, dass ich nach dir sehe. Sie sind ernsthaft besorgt um dich, Hermann.“

Wieder dieser ernste Blick.

„Ich meine: sieh dir deine Wohnung an. Überall liegt Müll rum, dort vorne steht schimmliges Essen, der Boden klebt, und vom Geruch müssen wir gar nicht erst sprechen.“

Ihre Worte klangen schwer, fühlten sich träge an, ohne jeglichen Sinn; mir war übel.

Anna erhob sich, öffnete alle Fenster und ließ sich wieder nieder.

„Hermann, verstehst du überhaupt, was ich sage?“ In ihrer Stimme schwang eine gewisse Ängstlichkeit mit.

„Mir ist übel“, erwiderte ich knapp.

Anna stand von Neuem auf. „Komm.“

„Ich … ich brauche keine Hilfe“, erwiderte ich ein wenig trotzig.

Ohne auch nur zu warten, packte sie mich an der Hand und zog mich langsam hinter sich her, schließlich ins Bad hin; ich wehrte mich nicht

„Stell dich unter die Dusche“, sprach sie, und mit ihrer Hilfe gelang mir der Weg in die Kabine.

Im nächsten Moment stellte sie das Wasser an. Ich ließ mich an der Wand hinab gleiten – Stehen war so anstrengend – und ließ die Kälte meinen Körper und Geist durchdringen.

„Ich komme gleich wieder“, erklärte Anna und verschwand, nur um etwa eine Minute später wieder aufzutauchen; den Stoß frischer Kleidung legte sie auf dem Hocker ab.

Allmählich spürte ich, wie meine Gedanken wieder ein wenig klarer wurden.

Im nächsten Moment übergab ich mich.

Danach fühlte ich mich besser.

Nach einer Weile stellte Anna das Wasser ab und führte mich aus der Dusche. Danach half sie mir beim Umziehen und brachte mich ins Wohnzimmer, setzte mich erneut auf den Sessel nieder.

„Warte hier.“

Dieses Mal dauerte es deutlich länger, bis sie wiederkehrte. Als sie zurückkam, hielt sie ein Tablett mit einer Tasse dampfenden Tees, einer Flasche Wasser sowie einem Teller, auf dem ein Stück Brot drapiert lag.

„Trink das. Alles“, sprach sie sanft und platzierte die Tasse vorsichtig in meiner Hand, das Tablett mit dem Rest auf dem Tischchen.

Ich tat wie mir geheißen. Das heiße Wasser schmeckte nach Kamille. Hiernach machte ich mich widerwillig über das trockene Brot her und leerte die Flasche zur Hälfte.

„Trink auch den Rest, Hermann. Du darfst nicht dehydrieren“, erklärte Anna, die sich mir erneut gegenüber gesetzt hatte und mich unablässig musterte.

Ich kam ihrer Aufforderung nach, wusste ich doch, dass sie recht hatte. Als ich geendet hatte, räumte sie alles weg und kam dann wieder. Obwohl es mir inzwischen besser ging, saß ich, oder besser gesagt, lag ich in mich zusammen gesunken auf der Sitzfläche des Sessels. Noch immer fiel mir das Denken schwer, vom Sprechen ganz zu schweigen. Allmählich kroch auch die Müdigkeit hervor und bemächtigte sich meines Körpers.

„Ich bin müde“, brachte ich gerade so hervor.

Anna erhob sich und nahm mich bei der Hand, führte mich zum Schlafzimmer. Ohne mich noch einmal umzuziehen, warf ich mich nieder, und sie deckte mich zu. Anna verschwand noch kurz und kehrte, einen Eimer in der Hand, wieder.

„Danke, Anna“, nuschelte ich; mein Kopf war leer und alles fühlte sich wieder stumpf und träge an.

Anna setzte sich auf die andere Seite des Bettes und ich schloss die Augen.

*

Ich erwachte mit unfassbaren Kopfschmerzen und fühlte mich im Allgemeinen in schwächlicher Verfassung. Hatte ich im ersten Augenblick noch meine vortägige Begegnung für einen Traum gehalten, wurde mir, als ich den Abdruck neben mir im Bett bemerkte, schmerzlich bewusst, dass ich mir die Ereignisse nicht erträumt hatte. Langsam erhob ich mich und bewerkstelligte es, mich umzuziehen. Danach trat ich in den Flur und erlebte eine Überraschung. Der gesamte Müll, der gestern noch umher gelegen hatte, war verschwunden. Verlegen schritt ich weiter in die Küche und traf dort auf Anna.

Schuldgefühle schossen in meinen Kopf, als ich an den vorigen Tag erinnert wurde, und ich versuchte, nicht rot zu werden.

„Guten Morgen“, begrüßte sie mich heiter.

„Guten Morgen“, krächzte ich; mein Hals fühlte sich wie Sand an.

„Ich habe schon einmal das Frühstück vorbereitet“, erklärte Anna und deutete auf ein Tablett, welches mit einem Glas voll Saft, einer Tasse samt Teebeutel, einer mit Früchten gefüllten Schale und einer Scheibe Brot aufwartete.

„Nimm das“, sprach sie und drückte mir zwei Schmerztabletten sowie ein Glas Wasser in die Hände.

Ich schluckte die Tabletten und trank alles aus, während Anna den Wasserkocher einschaltete.

„Wie ich sehe, kennst du dich in meiner Wohnung noch gut aus“, sprach ich mit heiserer Stimme und einem Lächeln.

Anna grinste verschmitzt.

„Hast du meine gesamte Wohnung aufgeräumt?“, fragte ich bangend, derweil sie den Tee aufgoss.

„Nein, es fehlt nach wie vor noch einiges. Und danach müssen wir noch putzen“, erklärte Anna.

Ein wenig machte sich Erleichterung in mir breit.

„Seit wann bist du schon wach?“

„Seit etwa eineinhalb Stunden. Ich habe auch schon gefrühstückt“, erwiderte sie.

Wir begaben uns ins Wohnzimmer, welches noch genauso unansehnlich ausschaute, wie ich es in Erinnerung hatte, und ich begann zu essen. Es tat gut und allmählich klangen auch meine Kopfschmerzen ab, obgleich sie mich nicht vollends verlassen wollten. Noch immer fühlte ich mich schlecht, schwächlich und ermattet – die mir peinlichen Ereignisse des Vortages trugen auch nicht zur Besserung bei.

„Vielen, vielen Dank, Anna“, sprach ich verlegen zwischen zwei Bissen; meine Stimme klang nun schon deutlich angenehmer.

Sie lächelte bloß, wobei ihre Augen etwas Anderes erzählen zu schienen.

„Hermann, was ist passiert?“, fragte sie schließlich.

Ich überlegte kurz, wusste sie doch, was genau geschehen war, hatten wir doch bereits genau über dieses Thema ein längeres Telefonat gehalten.

„Du musst dir keine Sorgen um mich machen“, erwiderte ich, derweil ich versuchte, mein Schamgefühl wie meine Pein zu einer leeren Maske versteinern zu lassen.

Ihre Augen funkelten mich unerwartet böse an.

„Hermann, was ist …“

„Ich weiß es nicht“, gab ich zu.

Besorgnis flackerte für einen Lidschlag über Annas Augen.

„Ich habe … ich war“, begann ich in dem Versuch, die richtigen Worte zu greifen. „Ich weiß nicht so recht, was geschehen ist … Seit der Sache mit Lea ging es mir immer schlechter und schlechter. Ich musste wieder an den Tod meines Vaters und all die Trauer denken. Und dann kam noch hinzu … kam noch hinzu, dass ich mich wieder an damals erinnern musste.“ Ich schluckte. „Ich habe mich gefragt, was ich wohl immer falsch mache, weshalb all meine Beziehungen immer schiefgehen. An diesem Gedanken habe ich mich festgehängt. Wenn ich mit meinen Freunden unterwegs bin oder arbeite, geht es mir gut. Aber sobald ich alleine bin, kommen all die Gedanken wieder und lassen mich nicht mehr los; ich kann an nichts anderes mehr denken. Und das Schlimmste ist, dass ich Lea, trotz allem, vermisse. Ich liebe sie, obwohl ich sie zugleich hasse für das, was sie mir angetan hat“, sprach ich, und meine Stimme hörte sich unangenehm kränklich, gar verzweifelt an; ich hasste es, über solcherlei zu sprechen.

„Ich vermisse sie so sehr, genauso wie meinen Vater. Warum musste er schon in dem Alter sterben? Warum ging es ihm zuvor immer schlechter und schlechter? Warum wurde mir zum zweiten Mal das Herz gebrochen?

Ich kann mich nicht daran erinnern, dass es mir jemals auch nur annähernd so schlecht ergangen ist“, fuhr ich fort, derweil meine Stimme immer leiser wurde, mein Blick auf einen fernen Punkt an der Wand gerichtet.

Die heraufbeschworenen Bilder und Fragen überschwemmten die anderen, zwar nicht schönen, aber immerhin ablenkenden Gefühle dieses Morgens und mir ward wieder zutiefst elendig zumute.

Anna schaute mich sanften, besorgten Blickes an. „Hermann, du kannst nichts dafür, dass sie dich damals vom einen auf den anderen Tag verlassen hat, ohne dir auch nur irgendetwas zu erklären. Das hat nichts mit dir zu tun und sie ist es nicht wert, dass du dir darüber den Kopf zerbrichst.“

„Ich muss immer wieder daran denken, wie ich morgens lediglich den Zettel gefunden habe. Ich kann mich noch an jedes einzelne Wort erinnern: Hermann, ich musste dich …“ Der Rest blieb mir im Halse stecken und schnell versuchte ich, den Schmerz mit einem Schluck Saft hinunter zu spülen. „Und Lea hat mich verlassen! Was sagt das über mich aus?“

Anna blickte mich eindringlich an. „Hermann, du bist einer der nettesten, intelligentesten, gebildetsten Menschen, die ich kenne. Das, was die beiden dir angetan haben, hat überhaupt nichts mit dir zu tun; sie hätten dies auch bei jeder anderen Person getan. Ich würde sagen – es tut mir leid –, dass du einfach … riesiges Pech gehabt hast.“ Sie holte kurz Luft. „Aber sieh mal, Hermann: Ich habe dich damals wirklich sehr geliebt. Es hat nur einfach nicht mehr funktioniert – diese verdammte Fernbeziehung! Aber wir sind noch immer gut befreundet, Hermann. Du bist nach wie vor einer meiner besten und wichtigsten Freunde.“ Sie tat kurz eine Pause, wie als ob sie nachdenken würde. „Darüber bin ich wirklich froh. Es hätte mir sehr weh getan, wenn wir es nicht geschafft hätten, einfach nur Freunde zu sein."

Mir wurde warm ums Herz und ich lächelte. „Danke, Anna. Ich bin auch froh, dass wir nach wie vor so gute Freunde sind."

Sie erwiderte mein Lächeln.

„Aber genau das ist es, worüber ich mir wieder und wieder den Kopf zerbreche. Warum musste unsere Beziehung scheitern? Es schien so perfekt und niemand hat etwas falsch gemacht. Aber trotzdem ist sie am Ende zerbrochen." Verzweiflung stieg wieder in mir auf.

„Warum habe ich immer so ein Pech? Was ist, wenn ich niemals eine richtige Beziehung finden werde?"

Anna schwieg kurz. „Möchtest du dich überhaupt in eine Person verlieben, um mit dieser dann den Rest deines Lebens gemeinsam zu verbringen?"

Ich überlegte kurz.

„Manchmal frage ich mich, ob vielleicht unsere allgemeine Wahrnehmung das Problem ist … und vielleicht scheitern auch daran so viele Beziehungen. Ich kann auch immer wieder die Person, mit der ich mein Leben verbringe, wechseln und damit ein wunderschönes, zufriedenes Leben führen. Ich kann auch mein Leben mit jemandem verbringen, der mir viel bedeutet, ohne dass ich diese Person liebe. Vielleicht hängt es einfach nur vom Blickwinkel des Betrachters ab", fuhr sie fort, und ich wusste nicht so recht, ob sie zu mir oder zu sich selbst sprach.

„Anna, ich würde aber gerne die eine Person finden."

Wir schwiegen beide, angenehm wie so häufig, und dennoch tobte ein Sturm von Fragen, Anklagen und Wortfetzen in meinem Geiste.

„Weshalb bist du hierhergekommen?", stellte ich die mir vertraut anmutende Frage.

„Adolf und Hedwig haben mich geschickt", erklärte Anna knapp. „Hedwig hat mich vor drei Tagen angerufen, um mich darum zu bitten, dass ich mal nach dir sehe; sie klang sehr verzweifelt. Sie hat mir erklärt, dass Adolf und sie sich große Sorgen um dich machen, du sie aber nicht an dich heranlassen würdest, weshalb sie nicht mehr weiterwüssten."

Flüchtige Erinnerungen von teils umnebelten, unangenehmen Gesprächen mit den beiden, traten vor meinem inneren Auge hervor; ein Stich von Schuld brach in meine Gedanken ein.

„Wann reist du morgen ab?" Es war Samstag.

„Ich bleibe eine Woche", sprach Anna bestimmt.

Schamgefühl stieg in mir auf. „Aber ich …"

„Nein, versuch es erst gar nicht, Hermann. Du brauchst Hilfe, ob du nun willst oder nicht", erklärte sie mit fester Stimme.

„Aber deine Arbeit und …"

„Hermann, ich werde bleiben!", unterbrach sie mich mit Nachdruck und schaute mich ernst an, bevor sie sanft hinzufügte: „Auch wenn du es jetzt vielleicht nicht siehst: Du brauchst wirklich Hilfe."

Ich öffnete den Mund, doch wirkte mir solch ein Blick entgegen, dass ich ihn sogleich wieder schloss. Ich gab mich geschlagen, irgendwie doch dankbar für ihre Anwesenheit.

„Danke, Anna", flüsterte ich, stand auf und legte meine Arme kurz um sie.

„Dazu sind Freunde doch da", erwiderte sie flüchtig.

Ihre Worte zu hören, steigerte mein schlechtes Gewissen nur noch weiter.

Gemeinsam räumten wir ab und Anna begab sich an ihr Auto, kam kurz darauf mit einem kleinen, grünen Koffer wieder. Nun begannen wir, die Wohnung zu ordnen.

*

Die eine Woche mit Anna war sehr angenehm und zog schneller vorbei als erwartet. Hatte ich ihre Idee anfangs noch als ander-Realität-vorbei abgetan, musste ich mit der Zeit zugeben, dass es mir anscheinend doch äußerst guttat. Es fühlte sich erleichternd an, nicht einmal eine Minute allein zu sein. Nach und nach begann ich, ihr auch mehr und mehr von meinen vielen pochenden Gedanken zu erzählen, und wie immer war sie eine hervorragende, angenehme Zuhörerin. Dennoch befielen mich meine quälenden Geister von Zeit zu Zeit immer noch, aber waren sie schwächer und es ward mir zunehmend leichter, sie davon zu schieben.

*

Annas Abschied ließ meine Ängste dann wieder neu aufkeimen; ich fürchtete mich davor, allein zu sein. Doch ich wusste, dass ich nicht immer in Gesellschaft verbleiben konnte oder sollte, und die sich anschließenden Wochen verliefen besser als erwartet. Meine schlechten Gedanken ließen mich nur noch selten ermatten und erstarren, bis ich mich schließlich ihrer ohne jegliche Gefahr entsinnen konnte. Und allmählich begann, ein neuer Gedanke, eine neue Idee Gestalt anzunehmen – vielleicht ein wenig radikal, vielleicht von manchen als verrückt verunglimpft, aber mir selbst wunderschön erscheinend.

Eines Tages dann begab ich mich an meinen Schrank, kramte in meinem speziellen Ordnungssystem das Kärtchen hervor und wählte die niedergelassene Nummer. Kurz darauf wurde abgehoben.

„Hallo, hier ist Margaret Densley“, ertönte mir die Stimme einer bekannten, alten Dame.

Kapitel 13

1973

„Und sie hat ja gesagt?“, klang mir die ungläubige Stimme Annas entgegen.

„Ja. Ich war selbst vollkommen überrascht, dass sie sich erstens noch an mich erinnern und zweitens mir eine Anstellung bieten kann“, sprach ich in den Hörer.

„Ich kann es immer noch kaum glauben.“

Es trat eine kurzweilige Pause ein.

„Weißt du schon, wie lange du bleiben wirst?“

„Nein. Meine Anstellung gilt auch nicht für einen bestimmten Zeitraum. Und ehrlich gesagt, möchte ich mir derzeit keine Gedanken darüber machen, wie lange ich in England leben werde“, erwiderte ich.

„Ich kann verstehen, dass du darüber noch nicht nachdenkst.“

Ihre Worte verblüfften mich, war sie doch die erste Person, die verständnisvoll und nicht ablehnend reagierte. Aber Anna blieb auch eben Anna. Es lockte mir ein Lächeln hervor.

„Ich möchte einfach etwas vollkommen Neues tun und außerdem ein wenig Abstand zu allem finden. Aber ich werde euch trotzdem wieder und wieder besuchen kommen. Und wir können auch telefonieren.“

Ich vermied es, zu erwähnen, dass ich mich unter meinen Freunden, Gleichaltrigen im Allgemeinen, ohne Freundin schlichtweg auch unwohl und deplatziert fühlte.

„Ihr seid alle eingeladen, mich in London besuchen zu kommen“, fügte ich hinzu.

„Würde ich sowieso machen, ob du willst oder nicht“, antwortete Anna, und ihr breites Grinsen bildete sich nur allzu gut vor meinem geistigen Auge ab.

Kurz musste ich mich ihres Besuches erinnern, welcher mir,

nun nach fast zwei Monaten, auf merkwürdige Weise wie aus einem verträumten Buche erschien, und ich fühlte mir die Schamesröte ins Gesicht steigen.

„Nochmals danke für deine Hilfe, Anna“, sprach ich.

„Keine Ursache – wann wirst du abreisen?

„Ich fliege am Donnerstag in drei Wochen.“

„Dann müssen wir uns noch ein letztes Mal treffen. Hast du nächstes Wochenende Zeit?“

„Ja. Das wollte ich dir sowieso vorschlagen.“ Ich lachte leise und sie stimmte mit ein.

„Perfekt. Ich freu mich drauf. Kommst du zu mir vorbei?“

„Ja.“

Wir redeten noch für eine sehr lange Weile.

*

London war wie in meiner Erinnerung: großartig, zwar angefüllt, aber dennoch wunderbar. Leider hatte die preisliche Lage der Stadt dazu geführt, dass ich mir die Wohnung mit einer Kollegin, einer vor Franco geflohenen Spanierin namens Inez Daniela Jiménez Mora, teilte. Dennoch: ich war erheitert, kamen wir doch bisher mehr als gut aus. Außerdem war mir das große Glück gelungen, einen Platz nicht unweit des Büros zu ergattern. Meine Arbeit, die des Öfteren Vorträge über die Kultur Deutschlands oder internationale Zusammenarbeiten beinhaltete, bereitete mir so einige Freude; vor allem ließ sich ein steter Gebrauch meiner Fremdsprachenkenntnisse machen. Ich war zufrieden, freudig über die gesamte Situation, über mein neues Leben; es hatte mich geradezu eine allgemeine Aufregung, wie schon seit langem nicht mehr verspürt, gepackt.

Kapitel 14

1974

Sie war eine Freundin der jüngeren Schwester Inez‘, und wir lernten uns auf diversen Feiern kennen; Samantha war ihr Name. Sie war Engländerin, wobei ihre Mutter aus Pakistan, ihr Vater aus Wales stammte. Anfangs trafen wir uns zu mancherlei Gelegenheit, wenn es der Zufall so wollte. Schließlich begannen wir, gemeinsamen Aktivitäten nachzugehen, wie dem Besuch eines Konzertes oder des Theaters, sofern es sich aufgrund sich deckender Interessen anbot. Stets genossen wir die Zeit. Wir verstanden uns prächtig, was mitunter auch an einer Vielzahl ähnlicher Neigungen fest zu machen war. Nach und nach kreuzten sich unsere Wege immer häufiger und allmählich wurde sie mir zu einer guten Freundin in England – der besten nach Inez.

Eines Tages dann besuchten wir das Kino. Der Film verlief sehr schön, doch eines schier plötzlichen Momentes legte sich Samanthas Hand auf die meinige. Einen Augenblick lang schien mein Körper versteinert und meine Aufmerksamkeit entglitt der Leinwand. Irritiert vergewisserten sich meine Augen, dass sich meine Wahrnehmung nicht getäuscht hatte, was der Szenerie etwas Absurdes, nahezu Groteskes verlieh. Kurz und schnell ratterten meine Gedankenketten, ob ich eine Beziehung mit einem Menschen, dem ich wirklich zugeneigt war, eingehen wollte. Doch tief in mir spürte ich keinerlei Verlangen, fühlte mich des Ganzen müde und überdrüssig. Zu einem anderen Zeitpunkt meines Lebens hätte ich es vielleicht gewagt.

Ich entzog meine Hand, und nichts weiter geschah. Stumm stierten wir bis zum Ende, gar den halben Abspann lang nach vorne. Wir begaben uns nach draußen und nun im Licht, wirkte Samantha wie ein kleines Kind, das man geschlagen hatte.

Noch immer schwiegen wir, trotteten dabei an die frische Luft.

Ich wagte, das Gespräch zu eröffnen.

„Was war das vorhin?“

Sie blickte mich an, derweil ihr Mund Worte zu formen versuchte.

„Ich dachte, du würdest das gleiche empfinden“, sprach Samantha letztendlich.

Ich schüttelte den Kopf. „Nein. Es tut mir leid.“

„Das ist nichts, was dir leidtun muss …“, erwiderte sie mit bitterer Stimme.

„Es tut mir aber wirklich leid. Wir sind Freunde, und ich möchte nicht, dass das zwischen uns steht“, erklärte ich angespannt.

Schweigen. Unangenehm, langsam, schwer wie leer verstrich die Zeit.

„Ich kann es aber nicht.“

„Samantha, ich …“

„Nein! Ich kann es nicht und möchte es deshalb auch nicht.“

War ich schon dabei den Mund zu öffnen, um ihr zu widersprechen, besann ich mich eines Besseren. Sie hatte gewählt und ich hatte nicht das Recht, sie umzustimmen zu versuchen, konnte ich nicht einmal ihre Gefühle erahnen, wirklich im Kleinsten nachvollziehen.

Und ich musste zugeben, dass ich sie verstand, mich vielleicht genauso entschieden hätte. Aber dennoch versetzte es mir einen Stich. Samantha zu verlieren, sie so zu sehen, dabei nur im Ansatz erahnend, was sie erlitt, erleiden würde, ließ mich traurig zurück.

„Auf Wiedersehen.“ Sie sprach es ohne jegliche Emotion.

„Auf Wiedersehen, Samantha.“ Ich sprach es mit Bedauern.

Sie drehte sich um, entschwand, ohne zurückzublicken. Ich stand da und schaute ihr nach, bis sie meine Augen verloren hatten.

Von diesem Tage an begegneten wir uns nur noch zu seltenem Anlass, doch hüllte sie sich stets in Schweigen. Ich selbst wagte es nicht, sie anzusprechen. In diesen Momenten fragte ich mich, was gewesen sein hätte können, hätte ich meine Hand ruhen lassen.

Nach einer Weile dann eilte dieser Gedanke stets in die Vergessenheit hin.

Kapitel 15

1974

Es war der erste Moment meines Lebens, in dem ich mich meiner deutschen Nationalität schämte, obgleich ich nie ein großes Nationalitätsgefühl empfunden hatte. Ich saß in Maggies Büro und hatte just in meiner Vorstellung der Planung eines Messestandes in Deutschland geendet.

„Bist du schon aufgeregt, ein paar Tage in die Heimat zurückzukehren?“, fragte sie mich und lächelte.

Ich nickte. Die Aussicht nach Köln zu reisen und einen kurzweiligen Abstecher nach Bonn vorzunehmen, erfüllte mich mit Freude.

„Ich freue mich ebenfalls sehr, nach Deutschland zu reisen. Das ist erst das vierte Mal, dass ich in dein Heimatland kommen kann“, erklärte Maggie. „Ich bin so froh, dass unsere Länder nicht mehr verfeindet sind … und dass sich ein scheinbar stabiler Frieden in Europa auszubreiten beginnt.“

Ich stimmte ihr zu.

„Habe ich dir je erzählt, weshalb ich diese Organisation gegründet habe?“

„Nein.“ Ich schüttelte den Kopf. „Aber es würde mich wirklich sehr interessieren, die Geschichte zu hören“, erklärte ich, meinte es aufrichtig, da sie meine Neugierde erweckt hatte.

„Es ist eine längere Geschichte, für die ich ein wenig ausholen muss.“

Ich nickte ihr aufmunternd zu.

„Als der erste Weltkrieg begann, wurde mein Mann – wie so viele junge Männer in der damaligen Zeit – eingezogen. Wie du natürlich weißt, war dieser Krieg verheerend und hat Europa nachhaltig verändert. Das Grauen hat viele Narben in den Gesellschaften hinterlassen.“ Sie schluckte. „Wir heirateten noch während des Krieges hastig, da ihm nur wenige Wochen seines

Fronturlaubes blieben.“

Ich hing an Maggies Lippen, lauschte gespannt ihren Worten.

„Als mein Mann schließlich zurückkehrte, war er nicht mehr ganz derselbe. Es dauerte einige Jahre, bis er in der Lage war, mir frei von seinen schrecklichen Erlebnissen zu erzählen. Nach und nach kehrten wir wieder in die Normalität zurück, doch übersahen dabei, was sich in so manchen Ländern zusammenbraute.“ Sie tat eine kurze Pause. „Vielleicht wollten wir es auch nicht sehen, wollten unsere wohlverdiente Ruhe genießen. Mein Mann war Jude deutscher Abstammung, wie du wissen musst. Ein Großteil seiner Familie lebte in dieser Zeit in Deutschland. In den letzten Jahren vor Kriegsbeginn beobachteten wir die Geschehnisse mit Furcht und wachsendem Unbehagen. Die Nachrichten, die wir erhielten, waren alles andere als gut.

Dann brach der Krieg aus! Wir konnten es kaum fassen. Wir hatten immer gehofft, dass der erste Weltkrieg das einzige Grauen gewesen war, das wir erleiden hatten müssen. Als wir dann in den Krieg eintraten, waren wir am Boden zerstört; die Geschichte schien sich zu wiederholen. Mein Mann und ich wohnten damals schon in London – in meinem jetzigen Haus. Mit ihren Bomben brachten die Nazis den Krieg direkt vor unsere Türen; es war schrecklich. Wir fühlten uns, als ob wir dem Grauen nicht entkommen konnten.“ Sie holte tief Luft, und nun erst wurde mir gewahr, dass es sie anstrengte, all die Bilder erneut heraufzubeschwören.

Ich hatte das Gefühl, in ihre Geschichte vollends einzutauchen, zu versinken.

„In dieser Zeit hörten wir kaum noch etwas von den Verwandten in Deutschland. Mein Mann und ich waren zutiefst beunruhigt; lediglich einem kleinen Teil gelang es zu fliehen.

Schließlich schlossen sich die Alliierten zusammen, um die Landung in der Normandie durchzuführen. Mein Mann, der gehofft und geschworen hatte, nie wieder in einem Krieg zu dienen, meldete sich trotz seines Alters freiwillig; unglücklicherweise wurde er nicht abgelehnt. Ich weiß noch, wie ich ihn angefleht habe, nicht zu gehen, wir uns deswegen gestritten haben – aber am Ende ging er trotzdem. Ich frage mich … frage mich bis heute, wie es ihm gelang, nach Deutschland geschickt zu werden. Er …“ Sie brach ab.

Für einen Moment schien es mir, als ob ihr Geist von den alten Erinnerungen und Gedanken, die sie mit sich brachten, übermannt wurde.

„Mein Mann machte sich zu große Sorgen um seine Verwandten und meinte, dass er nicht zusehen könne, wie die Nazis diese mehr und mehr …“ Sie betupfte sich mit ihrem Ärmelsaum die Augen. „Er schlug all meine Warnungen in den Wind. Ich blieb zurück und hoffte, dass ich ihn jemals wiedersehen würde.

Doch er starb…“ Ihre Augen füllten sich mit Tränen, die alsdann hinab zu kullern begannen. „Er starb kurz vor Kriegsende. Davon erfuhr ich aber erst drei Monate, nachdem der Krieg zu Ende war. Ein mit ihm befreundeter Soldat hat mir davon erzählt. Sie waren gefangen genommen worden, und irgendwie – ich weiß bis heute nicht wie – erfuhren die Nazis, dass mein Mann Jude war. Sie haben ihn auf der Stelle erschossen.“ Ihre Stimme klang schwach und es schien sie immens anzustrengen, überhaupt Worte herauszubringen. Ich hätte gerne etwas gesagt, sie zu trösten versucht, doch war mein Kopf leer und ich wusste nicht, was ich hätte sagen können, damit es ihr besser erginge.

„Er starb wie so viele seiner Verwandten. Abgesehen von den wenigen die noch vor dem Krieg hatten fliehen können, haben lediglich zwei seiner Verwandten überlebt…

Wenn ich an all das denke, fühle ich mich, als ob ich einen unaussprechlichen Albtraum geträumt hätte. Als ich die ersten Nachrichten von den Lagern erhielt, hielt ich es nicht für möglich, dachte die Berichte seien übertrieben, um die Bösartigkeit des Feindes herauszustellen. Aber ich habe mich, wie so viele, geirrt und …“ Ihre Worte brachen in sich zusammen.

Tief in mir spürte ich ein kaum fassbares Gefühl, welches ich nie zuvor verspürt hatte. Es erinnerte an Fassungslosigkeit, Reue, Schuld, Wut, Trauer, all dies zugleich, ohne dass es auch nur im Ansatz von diesen beschrieben, geschweige denn gemeinsam erfasst hätte werden können.

„Ich kann es noch immer nicht fassen“, brachte Maggie irgendwie flüsternd hervor.

Die sonst so robust strahlende Frau wirkte mit einem Male unbeschreiblich zerbrechlich. Es tat mir aus tiefstem Herzen leid, sie so zu sehen. Ich fühlte mich schlecht, musste wieder an die Geschichte meiner Eltern denken. Ich fühlte mich schwach, schlecht, Deutscher zu sein, durchlebte in rascher Folge die schreckenden Bilder des Krieges. Die Verantwortung des Grauens lag nicht auf mir, schwebte dennoch drohend nahe obenauf. Ich wollte sie nicht, wusste tief in mir, dass sie nicht die meine war. Meine Augen kämpften gegen die Tränen an – ich wollte nicht, schon gar nicht als erwachsener Mann, vor dieser Frau, meiner Chefin, weinen. Meine Augen konnten sie nicht ansehen.

Nachdem wir uns nach einer ganzen, schweigsamen Weile wieder gefasst hatten, schaute Maggie mich festen Blickes an. „Das ist die lange Geschichte dahinter. Nach den grausamen Ereignissen dieses Krieges sowie dem Tod meines Mannes, verfiel ich in eine Zeit der Trauer. Doch irgendwann dann formte sich der Gedanke heraus, dass man etwas tun müsse, um solches Grauen in der Zukunft verhindern zu können. Die Länder müssen sich untereinander verständigen, die Menschen müssen sich kennen und Freundschaften schließen, damit sie nicht gesichtslos bleiben und leicht zu einem Feind gemacht werden können. Aus diesem Grund habe ich neunzehnachtundvierzig diese Organisation gegründet“, erklärte sie nun mit voller Stimme. „Wir sind zwar nach wie vor keine große Organisation, aber dennoch sind wir auf Messen und Tagungen in großen Teilen Europas vertreten. Oft werden unsere Mitarbeiter auch zu Vorträgen an Universitäten oder Instituten eingeladen."

Ich kam nicht umhin, diese Frau zu bewundern.

„Was mir wirklich Sorgen bereitet, sind die Entwicklungen des Kalten Krieges", fügte sie leise, aber bestimmt hinzu. „Nichtsdestotrotz denke, beziehungsweise hoffe ich, dass wir auch diese Probleme eines Tages überwinden werden."

In diesem Augenblick verstand ich, weshalb die anderen alle sie mit solch Respekt und Anerkennung betrachteten.

Ihre Worte vermittelten eine ungeahnte Energie, einen erfrischenden Frohsinn, eine Zuversicht, wie ich es zuvor nie vernommen hatte.

„Das hoffe ich auch", war das Einzige, das ich hervor zu bringen vermochte.

Im Geiste verweilend, verließ ich ihr Büro und ließ mich zu meinen Vorbereitungen nieder. Den Rest des Tages wanderten meine Gedanken wieder und wieder zu jenem Gespräch zurück, und wie ich es auch versuchte, sie in andere Bahnen zu gießen, hatten mich ihre Worte schlichtweg zu sehr berührt, als dass ich mich ihrer Wirkung erwehren konnte.

Kapitel 16

1975

Das Telefon schellte zu reichlich später Stunde. Inez nahm ab.

„Für dich, Hermann."

Ich kam näher, und sie reichte mir den Hörer.

„Es ist Anna."

Leicht irritiert nahm ich das mir Dargebotene entgegen und hielt es mir an Mund wie Ohr.

„Hallo, Anna." Ich fragte mich, ob irgendetwas nicht allzu Gutes geschehen war.

„Hallo, Hermann." Ihre Stimme klang normal.

„Ich muss mit dir reden." Vielleicht doch ein wenig abgespannt.

Sie überwand die kaum merkliche Pause und begann zu sprechen: „Richard und ich haben Schluss gemacht." Ihre Worte schockierten mich, ließen mir scheinbar das Blut in den Adern gefrieren: Stets hatten die beiden doch solch ein schönes Paar gegeben.

„Das tut mir leid, Anna", erwiderte ich und schob rasch nach, „wie geht es dir?"

„Schlecht natürlich, du Witzbold!", schallte es mir entgegen. Ich wagte nicht zu sprechen.

„Tut mir leid, Hermann … Ich bin schlichtweg so traurig und wütend. Alles schien perfekt. Und dann hat er die Nachricht erhalten, dass er wieder zurück in die Staaten beordert wird. Er muss zurückgehen, ob er will oder nicht. Aber ich möchte Deutschland nicht verlassen. Ich liebe dieses Land und all meine Freunde sowie meine gesamte Familie leben hier."

Es trat eine knappe Pause ein. „Deshalb haben wir beide dann beschlossen unsere Beziehung zu beenden."

„Das kann ich verstehen", erklärte ich.

„Danke. Anfangs hat Richard noch versucht, mich zu überzeugen, dass es gut werden wird, wir ein schönes neues Leben beginnen können. Aber ich möchte kein neues Leben anfangen! Und ich möchte auch nicht mit jemandem zusammen sein, den ich vielleicht nur zweimal im Jahr sehe."

Sie schien Luft zu nehmen. „Irgendwann hat er dann eingesehen, dass es keinen Zweck hat, dass ich niemals mit ihm in die Staaten gehen würde – und er hat begonnen, meine Haltung zu respektieren und mir nicht mehr hineinzureden versucht. Dann haben wir uns dafür entschieden, auseinander zu scheiden. Es hatte keinen Sinn mehr! Das Schlimmste an allem ist schlicht und einfach, dass unsere Beziehung aufgrund von äußeren Umständen kaputt gegangen ist …"

Ihre Stimme ließ ihre geballte, zurückgehaltene Trauer und Wut erahnen. Ich selbst wusste nicht, was ich sagen sollte. Alles erschien mir falsch, unpassend, und es half auch nichts, dass ich genauso wie sie gehandelt hätte.

„Möchtest du mich vielleicht besuchen kommen? Dann kommst du mal auf andere Gedanken", wagte ich schließlich zu sagen.

„Ja. Das wäre schön, dich endlich einmal zu besuchen und auch London zu sehen. Danke für die Einladung. Mir tut es auch so leid, dass ich bisher nicht die Zeit hatte, dich einmal besuchen zu kommen."

„Du wärest die erste Person", erwiderte ich knapp.

Wir begannen, über unsere Pläne eines Besuches zu reden, und am Ende, nach einer unerwartet kurzen Weile, stand ein Termin in den nächsten vier Wochen.

*

Zum besagten Tage traf sie dann ein und ich holte sie am Flughafen ab. Nachdem wir ihr grünes Köfferchen in meiner Wohnung untergebracht hatten, flanierten wir noch eine Weile lang durch den Hyde-Park, um am kurz darauffolgenden Abend gemeinsam mit Inez zu essen. Sie und Anna verstanden sich blendend, nahezu, als ob sie sich schon von langer Zeit her kannten.

„Du hast eine wirklich nette Mitbewohnerin – schön, dass ich sie nun einmal kennen lernen konnte“, erklärte Anna am Abend schließlich, als wir allein in meinem Zimmerchen waren.

„Ich weiß. Ich bin, ehrlich gesagt, sehr froh, dass *sie* meine Mitbewohnerin ist. Wir kommen wirklich gut miteinander aus – und so habe ich immer jemanden zum Reden“, antwortete ich ihr lächelnd.

*

Den nächsten Tag sowie die gesamte Woche verbrachten wir damit, die diversesten Örtlichkeiten Londons aufzusuchen. Ich zeigte Anna Saint Pauls, die vielen Parks, Trafalgar Square und natürlich den großartigen Speaker's Corner, dem ich rege meinen Besuch abstatte. Neben den vielen Museen besuchten wir auch das Globe, in dem wir uns *Macbeth* anstelle von *The Merchant of Venice* anschauten; letzteres beschwor doch zu viele schlechte Erinnerungen in uns herauf.

Wie so stets verbrachten wir eine ausgesprochen schöne Zeit.

„Ich bin so froh, dass ich es endlich einmal geschafft habe, zu dir zu kommen, Hermann. Und London ist wirklich wunderschön, wie du immer gesagt hast“, sprach Anna, lächelte dabei.

„Ich bin auch froh darüber, dass du mich einmal besuchen kommst – dass mich überhaupt einmal jemand, abgesehen von meiner Mutter, besuchen kommt“, erklärte ich.

„Was ist mit den anderen?“

„Alle haben Kinder und auch sonst zu viele Verpflichtungen im Leben, als dass sie glauben, mich besuchen kommen zu können“, erwiderte ich traurig.

„Aber du hast schon noch Kontakt zu ihnen?“

„Ja. Wir telefonieren oft.“

*

In unserer Zeit in der Metropole schien mir Anna sehr erheitert, lebensfroh, fast schon, als ob sie ihre Tristesse hinter sich gelassen hatte. Doch eines schönen Tages dann verzog sich ihre Fröhlichkeit und legte all das offen, was darunter geschlummert hatte. Wir genossen die angenehmen, wärmenden Sonnenstrahlen des angeblich schlechten britischen Wetters, hatten uns auf einer Bank im Saint James's Park niedergelassen.

„Ich muss immer wieder daran denken, wie alles zu Ende gegangen ist. Gerade noch haben wir einen Urlaub in New York geplant und dann …", murmelte Anna zwischen zwei Bissen ihrer Samosa hervor.

„Dafür kann doch keiner etwas", erwiderte ich, eigentlich in mein Mahl vertieft, doch nun auflauschend, war es ja das erste Mal seit unserer Begegnung, dass dieses Thema überhaupt Erwähnung fand. „Ich weiß … Aber trotzdem kann ich nicht anders. In all meinen Beziehungen ist bisher etwas schiefgegangen. Ich habe langsam keine Lust mehr." Der Klang war resigniert, bitter.

Kurz musste ich mich Samanthas erinnern, wusste genau, was Anna meinte, sie fühlte.

„Ich kann dich verstehen. Ich habe auch keine Lust mehr. Ich fühle mich allmählich zu alt für solcherlei …"

„Ich mich auch. Und dabei sind wir beide gar nicht mal so alt." Mein Nicken gab ihr Zustimmung.

„Aber ich möchte auch nicht alleine alt werden, alleine sterben", überlegte ich laut. „Ich meine, du bist die einzige Person in meinem Freundeskreis, die nicht mit jemandem zusammen ist, beziehungsweise keine Kinder hat. Ich fühle mich fremd und fürchte mich bisweilen davor, den *Anschluss* zu verlieren." Ich seufzte.

„Ich weiß, was du meinst."

Es trat eine angenehme Pause ein.

„Vielleicht hat sich auch unsere Lebenswelt zu sehr geändert. Ich fühle nicht mehr die verträumten Gefühle, die ich verspürt habe, als ich achtzehn war. Manchmal glaube ich, dass uns der Ernst des Lebens eingeholt hat. Ich kann nicht mehr an das glückliche Ende glauben, habe vor langem gelernt, dass die Realität in den seltensten Fällen einem Märchen gleicht", sprach sie fort.

Kurz musste ich an Hedwig und Heinrich denken; sie hatte mir nie wieder von ihrem Problem erzählt.

„Was erhoffen wir eigentlich zu finden?"

„Ich weiß es nicht", gab ich zu, fühlte mich hilflos wie beklommen.

„Vielleicht ist die ewige Liebe auch einfach nichts anderes als eine einzige große Lüge, die die Menschen tagtäglich zu empfinden und spielen zu versuchen … Wenn ich mir meine Großeltern mütterlicherseits ansehe, muss ich zugeben, dass es dennoch zumindest wenige gibt, die sie gefunden haben." Angestrengt und laut atmete Anna aus.

„Die Menschen fürchten sich zu sehr, allein zu sein, allein zu sterben. Da schafft die Idee der ewigen Liebe – und nur die ewige Liebe zählt – Abhilfe!"

In ihrem Blick fand ich nichts als Verbitterung. Vorsichtig legte ich meinen Arm um sie.

„Ich bin schlichtweg so wütend …" Sie brach ab.

„Ich weiß, was du meinst. Mir geht es genauso", sprach ich sanft. „Und dennoch möchte ich nicht alleine alt werden, schließlich alleine sterben."

Diesen zuvor schon geregten Gedanken einmal auszusprechen, bescherte mir lediglich Verbitterung.

„Ich auch nicht."

Wir wagten es nicht mehr, weitere Worte zu wechseln, hingen scheinbar unseren Gedanken nach. Gespräche mit meiner Mutter, in denen sie mich fragte, ob ich endlich einmal eine langlebige Beziehung gefunden hätte, stießen in meinen Geist hervor.

„Hermann?", eröffnete Anna schließlich wieder.

„Ja?“

Ihre Augen schauten ernst drein.

„Die Idee klingt vielleicht ein wenig verrückt, aber … wie wäre es damit, dass wir mit fünfundfünfzig zusammenziehen, sofern wir niemanden haben sollten.“

Nach ihren ersten Worten hatte ich mich auf alles eingestellt, doch hätte mich nichts auf solcherlei vorbereiten können. Ich war leicht irritiert, benötigte einen Augenblick, um eine Antwort hervor zu stammeln: „Aber … aber es fehlen doch noch einige Jahre. Wir können bis dahin beide noch jemanden finden, mit dieser Person glücklich leben … Warum willst du jetzt …“ Ich verstummte, als ich ihres Blickes gewahr wurde.

„Nur für den Fall, dass wir beide keine andere Person finden sollten, Hermann! Und ja, es fehlen wirklich noch viele Jahre. Es sollte uns auch auf keinen Fall davon abhalten, eine Beziehung einzugehen“, sprach sie sanft.

„Anna, es kann noch so viel passieren. Vielleicht lebst du, wenn wir fünfzig sind, auch in Portugal, mit fünfundfünfzig dann in Kolumbien. Vielleicht bin ich auch schon tot …“ Ich blickte sie ernst an. „Ich finde deine Idee wirklich gut, aber es kann noch so viel geschehen. Ehrlich gesagt, es tut mir leid, wäre es lediglich ein loses Versprechen.“

„Ich weiß. Aber was hält dich dann davon ab?“

Ich überlegte kurz, konnte schließlich kein Argument finden, das dagegen sprach; Anna hatte recht. Es war zwar unkonventionell, das war mir bewusst, aber dennoch ein großartiger, geradezu genialer Vorschlag.

„Abgemacht. Und wir lassen uns dadurch auf keinen Fall von einer Beziehung abhalten!“ Die letzten Worte sprach ich mit Nachdruck.

„Ja!“

Sie reichte mir die Hand, und ich gab ihr die meinige.

Anna lächelte. Ich tat es ihr gleich, derweil die Vorstellung in meinem Geiste schöne Konturen anzunehmen begann.

Kapitel 17

1976

Frühmorgendlich erreichte Maria den Flughafen Londons. Eine knappe Zeit wartend, stand ich bereits gespannt in der Vorhalle und nahm sie fröhlich in Empfang.

„Hermann!“, rief sie mir freudig zu und war im nächsten Momente auch schon heran, schloss mich in ihre Arme.

„Hallo, Maria. Schön, dass du vorbeikommen konntest“, begrüßte ich sie mit offenherzigem Grinsen.

„Ich freue mich auch, dass ich kommen konnte. Endlich kann ich dich einmal besuchen – dein letzter Besuch liegt nun schon zwei Jahre zurück“, erwiderte sie und rief meine Erinnerungen an das letzte große Wiedersehen wach; obwohl ich mein derzeitiges Leben genoss, vermisste ich dennoch nach wie vor Deutschland und die mir wichtigen Menschen.

„Endlich kann ich auch einmal Gebrauch von meinen Englischkenntnissen machen“, fuhr Maria lachend fort.

„Stimmt ja. Inzwischen lernt ihr ja alle Englisch in der Schule“, führte ich mir wieder vor Augen und musste mich der damalig vielen Lehrstunden meines Vaters erinnern; schwach lächelte ich in mich hinein.

Wir setzten uns in Bewegung, verließen den Flughafen und nahmen für den Weg zu meiner Wohnung eines dieser schnieken, schwarzen Taxen – auf merkwürdige Weise schien mir allem, was die Engländer anzurühren pflegten, danach Stil anzuhaften.

Angekommen genehmigten wir uns ein klassisch englisches Frühstück, welches Inez – zu meinem großen Dank – bereits fleißig vorbereitet hatte. Das Mahl mundete allen, und nach dessen Vollendung schloss sich eine allgemeine Unterhaltung an.

Inez erzählte der zutiefst interessiert wirkenden Maria, weshalb sie und ihre Schwester damals Spanien verlassen hatten.

„Es ist nun schon über siebzehn Jahre her. Meine Schwester und ich haben uns politisch gegen Franco eingesetzt. Das Problem war jedoch, dass es – wie so oft – gefährlich war, sich gegen das Regime aufzulehnen. Immer wieder gab es gewaltsame Auseinandersetzungen. Wir hatten Angst. Hinzu kam dann noch, dass wir als Katalanen auch einigen Repressionen ausgesetzt waren. Wir empfanden das allgemeine gesellschaftliche Klima als angespannt und unangenehm. Deshalb haben wir uns schließlich – wenn auch schweren Herzens – dazu entschieden, Spanien zu verlassen."

Maria schien wissbegierig an den Lippen zu kleben, die diese Worte nahezu perfekt, abgesehen von dem so typischen Laut des R, formten.

„Inzwischen fühle ich mich hier zuhause. Ich habe mich in dieses Land verliebt und habe auch nicht mehr das Bedürfnis zurückzugehen. Auch wenn mir so manche Menschen fehlen, fühle ich mich dennoch hier besser aufgehoben als in Spanien", erklärte Inez.

*

Am Nachmittag dann zeigte ich Maria die wunderbare Stadt und wir statteten dem Naturkundemuseum, wie sie es sich gewünscht hatte, einen langen Besuch ab. Abends schlenderten wir durch den Green Park und ich erzählte ihr von dem, was sich in der letzten Zeit so zugetragen hatte.

„Ich habe in den letzten zwei Jahren übrigens auch Castellano erlernt", sprach ich fröhlich.

„Warum?", fragte Maria erstaunt.

„Erstens ist Spanisch eine sehr schöne Sprache. Zweitens kann ich mich nun mit Inez in einer ihrer Muttersprachen unterhalten. Und drittens hilft es mir auch wieder und wieder in meiner Arbeit."

Ich lächelte und sie fiel mit ein.

*

Die drei Wochen ihrer Sommerferien rannen schnell dahin.

Wir erlebten so allerhand, sprachen viel, lachten viel und genossen eine wunderbare, gemeinsame Zeit. Wieder und wieder stellte ich erstaunt fest, wie erwachsen sie doch geworden, wie schnell die Zeit vergangen, und wie alt ich selbst derweil geworden war. Nunmehr betrachtete ich sie nicht als Kind, sondern als junge, klug herangereifte Frau, und insgeheim erfüllte es mich mit mehr Stolz, als ich mir zugestehen wollte.

Dennoch, meine Freude erhielt schließlich einen Riss, einen Knacks, der mich mit Bedauern zurückließ.

Es war ein sonniger Tag, ein stetger erfrischender Wind wehte, und wir hatten uns am Leicester Square niedergelassen.

„Was ist das eigentlich zwischen dir und Inez?“, fragte Maria offen heraus, ließ mich beinahe meinen Tee verschütten.

„Nichts. Was soll denn da sein?“, antwortete ich irritiert, überrascht, traurig – doch verbarg ich dies alles.

„Naja, seit Jahren wohnt ihr zusammen, ihr seid beide nicht vergeben und kommt sehr gut miteinander aus. Ich meine, ihr seid letztes Jahr sogar gemeinsam nach Paris verreist“, erklärte sie wie etwas, das vollkommen auf der Hand lag.

„Und?“

„Wenn man euch sieht … ich weiß nicht. Die Chemie stimmt einfach zwischen euch“, führte sie weiter aus.

„Okay“, erwiderte ich schlicht, obgleich ich wusste, worauf sie hinauswollte, es geradezu wie ein unangenehm kalter, blanker Spiegel vor mir lag; ich war enttäuscht.

„Du magst sie doch? Sehr, oder?“

„Ja. Aber nicht so, wie du meinst.“ Es entglitt mir ein gequältes Lächeln. „Und glücklicherweise mag sie mich auch nur auf die freundschaftliche Art“, fügte ich rasch hinzu.

Maria setzte zu sprechen an, doch kam ich ihr zuvor: „Maria, nur weil ein Mann und eine Frau – zwei Menschen – sich wirklich sehr gut verstehen, bedeutet das nicht, dass sie ein Paar sind oder sich lieben“, erklärte ich sanft, versuchte, meine Traurigkeit sowie aufsteigende Verbitterung zu bannen und meine Enttäuschung zurückzuhalten. „Es meint auch nicht, dass sie eines sein sollten“, ergänzte ich und schob ein, wenn auch falsches Lächeln nach.

Sie nickte, wobei ich bezweifelte, dass sie meine Worte aufrichtig gehört, geschweige denn verstanden hatte.

Ein unangenehmes Schweigen legte sich über uns.

Kapitel 18

1978

Als ich an jenem Nachmittag das Büro betrat, war die sonst so ausgelassene Stimmung gedrückt, wenn nicht sogar vollends fortgerissen.

„Was ist geschehen?", richtete ich voll bangender Verwunderung das Wort an Inez.

„Maggie ist gestorben … Wir haben es heute Mittag erfahren", erwiderte sie leise.

Es ward mir kalt ums Herz und es fühlte sich an, als ob ein Teil in mir zerbrach. Mit einem Male konnte ich verstehen, weshalb sich solche eine Tristesse ausgebreitet hatte. Alle wir hatten Maggie zutiefst bewundert.

*

Die Beerdigung fand die Woche darauf statt. Es war ein großes Begräbnis mit unzähligen Leuten, darunter auch viele Lords und Ladies, wie mir Inez sagte. Gemeinsam drückten wir die Kirchenbank und ließen den grässlichen Gottesdienst, in dem wieder und wieder betont wurde, wie viel Gutes Maggie doch getan hatte, über uns ergehen. Dann war es endlich zu Ende, und wir quälten uns über den Friedhof zum Grabe hin, derweil sich das Wetter nicht so recht der allgemein schlechten Stimmung fügen wollte.

„Ich frage mich, ob ihr Traum von einer besseren Welt in Erfüllung gegangen ist", murmelte Inez, dabei neben mir her schreitend.

„Ich weiß es nicht", flüsterte ich, unwissend, ob ihre Worte an mich gerichtet waren. „Wenn es in den kommenden Jahren schiefläuft, kann es sein, dass der dritte Weltkrieg eines Tages vor unseren Türen steht. Und es wäre gut möglich, dass dieser in Mitteleuropa beginnen oder ausgetragen werden würde." Ich tat eine kurze Pause. „Genug Potenzial gäbe es ja leider dafür.

Egal wie: Jeder Krieg würde unsere Zivilisation vernichten, denke ich.“

Die alte Angst, dass, aufgrund der Teilung Deutschlands, ein dritter Weltkrieg direkt in meiner Heimat seinen blutigen Beginn nehmen könnte, brach wieder in meinem Geist hervor.

„Hoffen wir, dass es nicht so weit kommt. Es wird ja auch einiges dafür getan, dass es zu keinen neuen Kriegen in Europa kommt“, sprach Inez, nickte mehrmalig ein wenig.

Ich murmelte meine Zustimmung.

„Du hättest Maggie sehen müssen, als wir den Beitritt des Vereinigten Königreiches zu den Europäischen Gemeinschaften gefeiert haben – das müsste nun auch schon vier oder fünf Jahre zurückliegen. Ich habe selten einen so glücklichen Menschen gesehen. Sie war sogar betrunken, und dass trotz ihres Alters und des Umstandes, dass sie unsere Chefin war. Ich kann mich noch erinnern, wie sie an diesem Abend wieder und wieder gesagt hat, dass man einen zukünftigen Krieg verhindert hätte …“, flüsterte Inez und dann, völlig unverhofft, lächelte sie sogar. Doch im nächsten Augenblick kamen die Tränen. „Ich kann nicht glauben, dass sie tot ist. Es gab noch so vieles, dass sie …“

Tröstend legte ich meinen Arm um sie und wir verfielen in Schweigen.

Den Rest der Veranstaltung ließ ich höflich an mir vorüberziehen, und da wir nicht zu den Angehörigen gehörten, waren wir nicht zum sich anschließenden Schmause – dem einzigen mir frohen Teil einer Beerdigung – geladen. Inez und ich fuhren zurück in unsere Wohnung.

„Wie denkst du, wird es nun weitergehen?“, wagte ich im Taxi zu fragen.

„Keine Ahnung“, schniefte Inez. „Sie hat nie einen Nachfolger ernannt. Und Kinder hat … hatte sie auch keine …“

Ich nickte schwerfällig, und Stille legte sich erneut über uns.

Irgendwann angekommen verbrachte Inez den Rest des Tages zurückgezogen, lehnte sogar das gemeinsame Abendessen ab. Ich selbst vertrat mir schließlich die Beine und ließ mich zum einsamen Mahle in einem Pub nieder.

*

Wir hatten uns geirrt. Drei Wochen darauf wurde die Organisation von einem Cousin zweiten Grades oder so übernommen. Anfangs schien alles gut, doch mit der Zeit zeigte sich, weshalb man Maggie nicht ersetzen konnte. All das, was sie stets so großartig gemacht hatte, gelang ihrem Verwandten zu unser aller Bedauern zumeist nicht einmal in dilettantischem Maße.

Nach und nach verabschiedeten sich die Kollegen. Es wurde immer leerer, und es tat uns allen weh zu sehen, was aus dieser einst so schönen Organisation zu werden begann. Schließlich fand sich auch für Inez eine neue, bessere Anstellung, für diese es sie jedoch nach Liverpool zog.

Sie verschwand, und obwohl wir Kontakt hielten, war die Arbeit nicht mehr wie früher. Das Leben in einer zu groß gewordenen Wohnung ward trist und fade, nahezu leblos. Meine Versuche, eine neue, passende Person zu finden, scheiterten wieder und wieder in grandioser Weise. Es fühlte sich an, als ob mir mein neues Leben, all das Vertraute, lieb Gewonnene allmählich entglitten und dann mit einem Male hinfort gerissen worden wäre.

Ende des Jahres fiel dann die Entscheidung, in die Heimat zurückzukehren.

*

Ich war wieder nach Bonn gezogen, hatte eine Arbeit als Übersetzer gefunden, die mich voll und ganz erfüllte. Meinen Jahren in England trauerte ich nach, aber dennoch war ich zufrieden wie erfreut, wieder in Deutschland, wieder an dem Ort zu sein, der mich seit so langem schon begleitete. Ein wenig wehmütig musste ich feststellen, dass, wie die Zeit mich nicht unberührt gelassen hatte, sie auch ihre Spuren in die Stadt und ihr Leben gezeichnet hatte. Aber es störte mich nicht allzu sehr. Allmählich fand ich meinen Rhythmus wieder. Vielleicht war es schlichtweg an der Zeit gewesen zu gehen, grübelte ich während so mancher Gelegenheit.

Die Rückkehr war mir gut gelungen. Ich fühlte mich ganz und ausgeglichen, frei, wie schon lange nicht mehr verspürt.

Die Weihnachtstage dann verbrachte ich mit meiner Familie, den letzten Tag schließlich mit Anna, der genauso wie mir die Verwandten für eine dritte Feierlichkeit fehlten. Silvester feierte ich mit Hedwig und Heinrich; Adolf und Judith hatten, zu unser aller Bedauern, des Kindes wegen, nicht kommen können.

Kapitel 19

1979

Seit meiner Rückkehr vermied ich die Besuche bei meiner Mutter, wo es nur ging. Stets erzählte sie mir fast ausschließlich von ihrer Einsamkeit. In den letzten Jahren, so schien es mir, hatte sich ihr Zustand diesbezüglich verschlechtert, trug sie inzwischen eine zuvor nicht gekannte, selten weichende Verbitterung mit sich her. Ich liebte meine Mutter, aber dennoch ließ es sich kaum noch mit ihr aushalten, und die gemeinsamen Stunden flossen zäh und unangenehm dahin. Die Ratschläge, die ich ihr für eine Besserung gab, nahm sie sich nicht zu Herzen; am liebsten wäre sie zu mir gezogen, wie ich wusste. Es tat mir zutiefst leid, sie so zu erleben.

Seitdem Maria wenige Monate zuvor die Schule abgeschlossen und es sie des Studiums wegen nach Köln gezogen hatte, trafen wir uns häufig; sie war geradezu ein ständiger Gast in meiner bescheidenen Wohnung. Ich war froh über ihre Gesellschaft, fand ein Großteil meiner Freunde aus Gründen familiärer Bindung nur selten die Zeit, zu gemeinsamen Unternehmungen aufzubrechen.

„Hast du inzwischen eine Freundin?“, pflegte Maria zu fragen, wann immer wir uns sahen.

Allmählich hatte sich hieraus eine öde Routine entwickelt. Stets stellte sie die Frage, von der sie die Antwort noch nicht zu kennen glaubte, und ich antwortete wie die Male zuvor. Es war wie ein kindisches Spiel zwischen uns beiden, das sie scheinbar jedoch nicht zu sehen vermochte.

Sie stand erst an der Schwelle zum Erwachsensein, und wenn wir gemeinsam Zeit verbrachten, fragte sie mich häufig darüber aus, wie es gewesen war, als ich ihr Alter gehabt hatte, wie es sich anfühlte, älter zu werden, die Welt und die Menschen, die man kannte, sich verändern sah, und was ich in der

Zukunft erwarten würde. Zumeist erzählte ich ihr lediglich, und sie lauschte mir geduldig und gespannt.

Einige Male befragte sie mich auch zum Dritten Reich, zum Krieg und zu den Nachkriegsjahren. Zumeist sprach ich von letzterem, fiel es mir schwer – ich wusste nicht warum –, den anderen Erinnerungen mit Worten Ausdruck zu verleihen. Maria schien sich damit zufrieden zu geben. Zumindest hakte sie nicht weiter nach, aber vielleicht – so dämmerte es mir irgendwann – wollte sie mich auch nicht bedrängen.

An mancherlei Tagen stellte auch ich ihr die Fragen. So erfuhr ich unter anderem, dass sie nicht wusste, ob sie heiraten mochte – konnte sie der Idee dahinter nicht allzu viel abgewinnen –, aber dass sie sich Kinder wünschte. Des Weiteren wollte sie sich in einer großen Stadt niederlassen und als Apothekerin die Selbstständigkeit suchen.

In meinen Augen hatte sie sich zu einer wunderbaren jungen Frau gemacht, und wenn wir miteinander sprachen, verspürte ich nicht selten Stolz, ihr Patenonkel zu sein.

Kapitel 20

1981

Wir hatten uns auf das Kanapee meiner Wohnung niedergesetzt.

„Und du bist dir sicher, dass du schwanger bist?“, stürzten die Worte aus meinem Mund; ich bereute es augenblicklich.

„Ja, sonst würde ich ja nicht hier sitzen!“, erwiderte Maria.

Ihre Hände lagen zusammengefaltet in ihrem Schoß.

Einen kurzen Moment fragte ich mich, wie schnell die Zeit geflogen sein musste. Unzählige Bilder Marias als Kleinkind, als Jugendliche stiegen vor meinem inneren Auge auf, doch besann ich mich, schüttelte sie von mir und zwang meinen Geist zurück in das Hier und Jetzt.

„Ich weiß nicht, was ich tun soll. Meine Eltern werden unfassbar wütend sein“, murmelte sie verzweifelt.

„Hedwig war etwa genauso alt wie du, als sie schwanger geworden ist“, sprach ich sanft.

„Das war aber auch eine andere Zeit“, hielt Maria dagegen.

Ich wusste nicht, ob ich ihr zustimmen wollte, gar sollte, oder nicht.

„Hast du dir überlegt, eine Abtreibung durchführen zu lassen?“, wagte ich leise zu fragen.

„Ja, habe ich … und ich werde es nicht tun. Ich möchte ja gerne Kinder haben … aber eigentlich nicht so früh schon“, erklärte sie, wobei ihr Blick eine gewisse Verzweiflung widerspiegelte. „Außerdem halte ich Abtreibung für Mord.“

Ich wagte es nicht, etwas zu sagen, stand es mir nicht zu, sie von einer anderen Meinung überzeugen zu wollen; sie hatte entschieden. Kurz musste ich an die vielen Menschen, vor allem Frauen, denken, die lange erbittert und hoffnungsvoll für dieses Recht hatten kämpfen müssen. Ich sprach es nicht aus, wusste ich, wie Marias Antwort lauten würde: *Nur weil viele dafür gekämpft haben, bedeutet es nicht, dass ich von diesem Recht Gebrauch machen muss. Es ändert ja nichts an meiner Meinung, dass es sich um Mord handeln würde.*

„Und was wirst du nun genau tun?"

„Ich werde es meinen Eltern erzählen. Rainer und ich möchten noch vor der Geburt unseres Kindes heiraten. Weiter weiß ich noch nicht …"

Sanft legte ich meinen Arm um ihre Schulter. „Das wird schon", sprach ich aufmunternd, derweil ich mich fragte, weshalb ihr Weg sie ausgerechnet zu mir geführt hatte, gehörte Trostspenden schließlich nicht zu den herausragenden Fähigkeiten, die ich mir innerhalb meines bisherigen Lebens angeeignet hatte.

„Ich möchte das Kind behalten, aber ich habe Angst, dass ich die gleichen Fehler wie meine Mutter begehe …", schluchzte Maria auf.

Ich verstand, was sie meinte.

„Ich habe mein Studium noch nicht abgeschlossen. Rainer hat sein Studium noch nicht abgeschlossen. Und dennoch werden wir … werden wir in einigen Monaten Eltern sein. Ich weiß nicht, was ich machen soll, wenn es soweit ist!"

„Was sagt denn Rainer zu all dem?", wagte ich mich vor.

„Er möchte das Kind auch unbedingt behalten und heiraten. Aber auch er weiß nicht, was er tun soll, wenn das Kind schließlich da ist." Maria betupfte sich die Augen. „Ich habe Angst, dass unsere Beziehung das alles nicht aushält. Ich habe so Angst, dass wir das alles nicht schaffen werden, dass ich mein Studium niemals beenden werde, dass sich alles nur noch um das Kind drehen wird." Ihre letzten Worte ließen sich aufgrund des Weinens kaum noch wahrnehmen.

„Ich fürchte mich davor, dass ich mich nun an einen Menschen binde und es sich später dann als großer Fehler herausstellt. Wir sind noch jung und sind gerade einmal erst seit fast zwei Jahren zusammen", schluchzte sie schwach.

Maria tat mir leid. Ich fühlte mich hilflos. Insgeheim flammte die Frage in meinem Geiste auf, wie viele junge Menschen ihre Träume schon auf diese oder ähnliche Weise begraben hatten müssen. Maria kauerte in meinen Armen, und es ward mir wieder, als ob ich das kleine Kind, welches sich just verletzt, geborgen hielt. Wir schwiegen und meine Hand fuhr über ihre Schulter, wie um sie zu beruhigen.

„Ich kann euch unterstützen", flüsterte ich.

„Wie bitte?", klang Marias Stimme aus einem Gewirr an ins Antlitz gefallener Haare hervor.

„Ich kann euch unterstützen", sprach ich lauter mit festerer Stimme.

Maria schaute auf, den Mund offen.

„Ich kann euch unterstützen. Ich wohne ja nicht weit von euch. Ich kann auf das Kind aufpassen und euch auch finanzielle Unterstützung zukommen lassen", erklärte ich.

„Aber ... du … kannst du …" Sie rang um Worte.

„Es ist gut. Ich habe genug Geld, um euch unter die Arme greifen zu können. Und Zeit habe ich auch genug, um auf das Kind aufzupassen. Häufig arbeite ich ja sowieso von zuhause aus."

Ich lächelte und kam mir dabei äußerst merkwürdig, nahezu ein wenig jovial vor. „Es wäre kein Problem … sofern ihr meine Hilfe annehmen wollt."

Es dauerte einen Augenblick, bis Maria ihre Stimme wieder fand: „Das wäre großartig." Sie umarmte mich. „Danke, Hermann!" Ihr Blick hatte sich aufgehellt und ihre Mundwinkel zogen sich nicht mehr dauerhaft hinunter.

„Ich bin froh, wenn ich euch helfen kann", erwiderte ich lediglich. Die Worte hallten plump in meinem Geiste nach.

Wir plauderten noch eine ganze Weile – Maria bedankte sich ein ums andere Mal von Neuem – und bemerkten kaum, wie schnell die Zeit verstrich. Schließlich musste sie aufbrechen, ihre knappe Heimreise nach Köln antreten. Wir verabschiedeten uns zutiefst herzlich, mehr noch als in den bisherigen Fällen. Maria sprach mir nochmals ihren Dank aus und ich ließ es über mich ergehen, hatte ich ihr bereits doch einige Male erklärt, dass dies nicht in dieser Intensität nötig sei.

Als sie dann davon huschte, schaute ich ihr nach. Meine Gedanken tosten wild umher, wanderten hierhin und dorthin; ich hatte es nicht gewagt, ihr meine Verunsicherung, meine Bedenken mitzuteilen, hatte ich doch befürchtet, sie noch näher an den Abgrund der Verzweiflung zu treiben. Ich hoffte aus tiefstem Herzen, dass diese Geschichte ein gutes Ende nehmen würde – und ich würde alles dafür geben. Aber dennoch: eine gewisse, altbekannte Unsicherheit verblieb. Maria war zwar erwachsen, aber nach wie vor jung, und kannte deshalb nicht all die vielen, verschlungenen Irrwege, die das Leben bisweilen bereitwillig wie allzu leichtsinnig einzuschlagen pflegte.

Kapitel 21

1982

Ich eilte zum Krankenhaus hin. Eingetreten fragte ich nach dem Weg, hetzte, soweit dies in einem Etablissement wie diesem überhaupt möglich war, eine Vielzahl an Gängen hinab wie Stiegen hinauf, bis ich schließlich vor dem Zimmer mit dem lieblos angehefteten, sterilmatten Ziffernzug innehielt. Ich nahm mir einen kurzen Moment der Pause, atmete tief durch. Dann betätigte ich die Klinke. Die Tür schwang auf und mehr oder weniger entspannt wagte ich den Schritt nach drinnen. Es war ein langweiliges Räumchen, mit viel Licht und dem Duft von frisch aufgestellten Blumen.

„Hermann!“, hallte mir Marias erschöpfte, aber fröhliche Stimme entgegen.

Ich lächelte und trat näher.

Maria lag in einem Bett, hielt ein kleines Etwas in ihren Armen, während Rainer zu ihrer Seite auf der Kante saß. Die beiden schienen unbeschreiblich glücklich, als ob all ihre Ängste und Sorgen der vergangenen Zeit vergessen, hinweg gewischt worden waren.

„Hallo“, begrüßte ich, zog mir einen Stuhl heran und setzte mich.

Aufregung stieg in mir empor.

„Ich habe ein kleines Geschenk mitgebracht.“

Ein wenig unbeholfen zog ich eine große Schachtel Schokopralinen unter meinem Mantel hervor. Rainer nahm sie entgegen, legte sie neben eine hässliche Vase voller schöner Blumen nieder.

„Das wäre doch nicht nötig gewesen, Hermann. Wir sind froh, dass du da bist“, erwiderte Maria, während Rainer zustimmend nickte.

Meine Finger trommelten aufeinander. Es war allzu still in

diesem Zimmerchen.

„Möchtest du ihn sehen, Hermann?“, fragte Maria.

Ich nickte und erhob mich.

Vorsichtig trat ich an sie heran und betrachtete das Baby.

Es war wunderschön. Unwillkürlich schoss mir wieder der Gedanke in den Kopf, irgendwo einmal gelesen zu haben, dass auf Menschen Babys grundsätzlich niedlich wirkten, damit der uralte Beschützungsinstinkt ausgelöst würde, beziehungsweise sie das neue Leben im schlimmsten Falle nicht einfach töteten.

Ich zwang meinen Geist wieder in den Moment zurück.

„Er ist wunderschön“, sprach ich leise und berührte vorsichtig das Baby an der Stirn. „Wie heißt er?“, stellte ich die Frage, die mich schon seit Monaten beschäftigte.

Rainer und Maria grinsten wissend, wechselten kurz einen Blick, bevor sie gleichzeitig antworteten: „Alain.“

„Das ist ein schöner Name“, erklärte ich.

Die beiden lächelten.

„Möchtest du ihn einmal halten?“, fragte Maria.

Ihre Worte ließen mich sprachlos zurück, hatte ich nicht mit solch einem Vertrauen gerechnet.

„Nein, lieber nicht. Am Ende mache ich noch irgendetwas falsch“, antwortete ich, nachdem ich mich selbst wieder gefunden hatte.

„Du schaffst das schon. Es ist wirklich nicht schwer“, sprach Rainer, während Maria mir aufmunternd zunickte.

„Danke. Aber lasst gut sein.“ Ich ließ mich auf der anderen Kante nieder, die Arme verschränkt.

„Wann wird die Taufe stattfinden?“

„Wir haben nicht vor, ihn taufen zu lassen“, erwiderte Maria. Wie es schien, musste mir die Irritation ins Gesicht geschrieben stehen, denn sie fügte eiligst hinzu: „Wir möchten, dass er das irgendwann einmal selbst entscheidet. Wenn wir ihn jetzt taufen lassen, tun wir damit vielleicht etwas, das er selbst niemals tun würde. Abgesehen davon müssten wir uns für eine

Konfession entscheiden, und vielleicht fühlt er sich dann später in gerade dieser nicht richtig aufgehoben."

Sie hatte recht, aber dennoch verwunderten mich ihre Worte zutiefst. „Die meisten Menschen, die nicht getauft werden, wenn sie klein sind, lassen sich später selbst auch nicht taufen. Ist euch das bewusst?"

Beide nickten sie.

„Aber was für einen Unterschied macht es, ob jemand getauft ist und an Gott glaubt oder dieselbe Person ungetauft ist und trotzdem an Gott glaubt? Und was ist mit all denen, die getauft sind, aber trotzdem weder gläubig noch religiös sind?", führte Maria aus.

Nun war es an mir zu nicken. „Dann wäre der einzige Unterschied lediglich der, dass man als getaufte Person Mitglied einer Kirche ist."

„Ja, der Unterschied wäre lediglich auf dem Papier. Und wenn Alain es später anders sehen sollte, kann er ja immer noch eintreten. Aber dann hat er die freie Wahl. Wir möchten ihm schlichtweg keinen Weg vorbestimmen", erklärte Maria.

In diesem Moment musste ich mir eingestehen, dass die beiden mich überrascht hatten, und ein Gefühl von Stolz durchströmte meinen Geist. Wie die drei dort vor mir waren, gaben sie ein zufriedenes Bild von Harmonie, Glück und Zusammengehörigkeit ab, welches sich in mildem Maße auf meinen Gemütszustand beruhigend übertrug.

„Wie laufen die Arbeiten bezüglich deiner Eröffnung?", fragte Maria.

„Gut. Ich werde nächsten Monat endlich eröffnen können."

„Für welche Sprachen wirst du nochmal Übersetzungen anbieten?", hakte Rainer nach.

„Französisch, Englisch, Italienisch und Spanisch", antwortete ich. „Ich hoffe es wird alles gut funktionieren. Aber wenn es erst einmal soweit ist, werde ich froh sein, dass die Umbauarbeiten an meiner Wohnung ein Ende haben und ich endlich wieder mehr Ruhe haben werde."

„Ich hätte nie gedacht, dass man sich in deinem Alter noch selbstständig macht", sprach Rainer.

„Es hat sich halt so ergeben. Und meine alte Anstellung als Übersetzer war auch grauenhaft. Aber so alt bin ich nun auch mal wieder nicht."

Wir grinsten gemeinsam.

Es schloss sich ein knappes Gespräch an, welches von mir verkürzt wurde, wollte ich den beiden, besser gesagt nun dreien, ihre gemeinsame schöne Zeit geben. Die Verabschiedung fiel herzlicher aus als üblich.

„Auf Wiedersehen. Wenn ihr etwas brauchen solltet, meldet euch bei mir", sprach ich nochmals von der Türe aus.

„Danke. Machen wir." Die beiden lächelten zufrieden und dankbar.

Ich trat nach draußen, schloss hinter mir und hielt einen Augenblick inne. Wieder einmal fragte ich mich, wie die Zeit dahin geronnen war, warum ich es nicht bemerkt und was ich in all den Jahren getan hatte. Maria war eine erwachsene Frau, nun sogar Mutter. Ich fühlte mich, als ob mein Leben selbst nicht so recht wusste, wonach es sich begeben wollte. Dennoch: ich war glücklich, keinesfalls unzufrieden.

Kapitel 22

1983

„Danke fürs Aufpassen, Hermann“, bedankte sich Maria wie so oft und trat ein.

„Keine Ursache. Du musst dich auch nicht jedes Mal bedanken, Maria“, erwiderte ich, derweil wir ins Wohnzimmer schlenderten.

Alain saß – in seiner Welt vertieft – in einer Ecke, kritzelte mit einer Handvoll Buntstifte auf einem Papier und registrierte nicht einmal die Ankunft seiner Mutter.

Maria lächelte, als sie ihn erblickte. „Ich habe das Gefühl, dass ich ihn erst gestern das erste Mal in meinen Armen gehalten habe.“

„Ich weiß, was du meinst. Es geht mir genauso. Und dabei ist er nun schon über eineinhalb Jahre alt“, sprach ich mit leiser Stimme, um das Kind nicht zu stören.

Nun hob Alain doch den Blick, erkannte seine Mutter und vertiefte sich wieder in die komplexe Zeichnung diverser Kringel von divergierenden Ausmaßen.

„Kinder.“ Maria ließ mir ein schwaches Grinsen zukommen, während ihre Augen kurz einen gequälten Ausdruck annahmen.

„Setz dich, Maria. Ich mache uns einen Tee, dann können wir ein wenig reden.“

Ich verschwand kurz in der Küche und kehrte eine Weile darauf, die Hände voll dampfender Tassen, wieder. Wie den Tee ließ ich mich nieder und blickte Maria ernst an.

„Wie geht es dir?“

„Ich weiß kaum, wo ich anfangen soll. Ich bin ständig angespannt. Es ist alles so viel: Das Studium, Alain. Ich habe kaum noch Zeit für mich, kaum noch Zeit für Rainer. Und ihm ergeht es ja auch nicht besser. Aber immerhin läuft unsere Ehe bisher gut, auch wenn wir kaum Zeit miteinander verbringen können.“ Sie holte einmal tief Luft. „Und wenn einer von uns mal Zeit hat, muss er diese auch für sich selbst nutzen.“ Unablässig ließ sie den Löffel durch den Tee wirbeln. „Wir fühlen uns beide schlecht, weil wir kaum Zeit für Alain haben. Manchmal denke ich, dass er uns kaum als seine Eltern erkennt. Ich mache mir Sorgen, was in der Zukunft alles geschehen wird, wie das alles weitergehen soll.“

Ihr Blick strahlte Verbitterung, nahezu unterschwellige Wut aus, und ich hätte sie aus tiefstem Herzen gerne tröstend in meine Arme geschlossen, doch spürte ich, dass sie keine Bemitleidung suchte, sie dies nach all der langen Zeit leid war.

„Vielleicht solltet ihr dreimal in euren Semesterferien einen Urlaub machen.“

Ihre Augenbrauen schnellten nach oben. „Von welchem Geld sollen wir das bezahlen, Hermann?“

„Ich kann euch Geld geben. Und deine wie Rainers Eltern würden euch bestimmt auch etwas Geld geben“, sprach ich ruhig sowie äußerst vorsichtig.

Maria wollte ansetzen, doch kam ich ihr zuvor: „Es muss ja nicht für lange sein. Es geht einfach darum, dass ihr einmal die Zeit und Ruhe habt, euch auf euch als Familie zu besinnen. Das Wichtige wäre, dass ihr nur für euch wäret und keinerlei andere Ablenkungen hättet.“ Ihr Blick schien mir reine Skepsis entgegenzuwerfen.

„Denk wenigstens einmal in Ruhe darüber nach, bevor du nein sagst.“

Sie nickte ein wenig resigniert.

„Ma ... mmma.“

Beide schauten wir erstaunt auf, hatten wir nicht bemerkt, wie sich Alain genähert hatte. Der Junge stand, ein bekrakeltes Blatt in den Händen, neben Maria und reichte ihr im nächsten Augenblick das Papier. Sie nahm es, betrachtete das Nichtssagende.

In diesem Moment ließ sich mir eine zutiefst erstaunliche Transformation betrachten, die zuerst Marias Gesicht, ja schließlich sogar ihren ganzen Körper ergriff und scheinbar all die vorherigen Gefühle mit einem Male in die Vergangenheit bannte. Wenn es einen Menschen gab, der mit seiner Ausstrahlung, seiner physischen Gesamtheit zu lächeln wusste, so war es in diesem kurzweiligen Augenblicke Maria. Sie sprach ihrem Sohn ein großes Lob aus, wobei ihre Stimme an ein fröhliches Lachen Anlehnung fand.

Schmerzlich wurde mir wieder bewusst, wie viel es doch gab, das ich nicht verstand, vielleicht niemals verstehen würde. Alain verzog sich wieder zu seinen Buntstiften, und Maria präsentierte mir stolz das Werk ihres Kindes. Lächelnd legte sie das Blatt zur Seite nieder.

„Wie geht es dir, Hermann? Hast du jemand Neues gefunden?“

Wie stets schüttelte ich den Kopf. „Ansonsten geht es mir gut. Ich habe nach wie vor mehr als genügend Kunden und denke sogar darüber nach, mir einen Partner zu suchen, um mein Geschäft zu erweitern.“

„Das wäre schön.“

Ich nickte, ließ mir den Gedanken einen Moment lang durch den Kopf schwirren.

„Und du hast wirklich niemanden kennen gelernt?“

„Nein … beziehungsweise schon – und dann habe ich festgestellt, dass sie einen Freund hat.“

„Tut mir leid für dich.“

„Es war keine große Geschichte. Und es ist nun auch schon einige Zeit her.“

„Es ist trotzdem schade“, sprach sie, obgleich mehr zu sich selbst – ich wusste es nicht ganz zu sagen.

„In meinem Alter sind fast alle Leute sowieso verheiratet, beziehungsweise in einer Beziehung. Da ist so etwas keine allzu große Überraschung.“ Ein Lächeln, dünn und schwach, zog sich über mein Antlitz, und ich hoffte, dass Maria nicht die dezente, verborgene Traurigkeit darunter bemerkte.

Dann, mühselig, hielt ich das Grinsen, welches, aufgrund ihres Gesichtsausdruckes, sogleich in mir emporstieg, zurück.

„Das ist umso trauriger. Aber ich bin mir sicher, dass du noch die Eine finden wirst.“ Ihr aufmunterndes Lächeln wirkte mir entgegen.

„Ehrlich gesagt, habe ich langsam keine Lust mehr auf all das. Ich fühle mich auch schlichtweg zu alt dafür, bin des Ganzen müde.“

Ein Blick, wie der eines geschlagenen Kindes, zeichnete sich auf Marias Antlitz ab und ihre Augen zeigten den Kampf, das Gesprochene zu verstehen.

„So alt bist du nun auch mal wieder nicht“, formte sie mit stolpernder Zunge. Eine kleine Pause schob sich ein.

„Was ist eigentlich mit Anna?“

Die aufsteigende Enttäuschung verbergend genehmigte ich mir einen großen Schluck dampfenden Tees, bevor ich antwortete, war meine Furcht, mich zu verraten, Maria hierdurch zu verletzen, schlichtweg zu groß: „Was soll mit ihr sein?“

„Ihr trefft euch andauernd und telefoniert ständig. Außerdem wart ihr ja schon einmal zusammen und seid nicht auseinandergegangen, weil die Beziehung wirklich in die Brüche gegangen ist.“

„Und weiter?“

Sie schien um Worte zu ringen, bevor dann schließlich ihre staksende Stimme den Mund verließ: „Empfindest du nichts für sie?“

„Wir sind nur wirklich sehr gute Freunde – nicht mehr und auch nicht weniger. Ich empfinde nichts anderes als Freundschaft für sie, und sie empfindet glücklicherweise ebenso auch nur freundschaftlich.“

Maria schaute mich an, wie als ob sie meinen Blick zu deuten suchen würde, und so begann sie ein anderes Thema, erzählte mir von ihrem Studium.

„Ich glaube, meine Mutter beneidet mich um mein Studium“, erklärte sie dann irgendwann mit einer Mischung von Irritation und nicht einordbarer Traurigkeit.

Ich wagte es nicht, auch nur ein Wort darüber zu verlieren, und wir sprachen im Allgemeinen über Hedwig und Heinrich.

Als sich Marias Blick schließlich zur Uhr hin verirrte, stellten wir erst fest, wie viel Zeit verstrichen war.

Sie und Alain, der mir einen Stoß an hochinteressanten Zeichnungen zum Geschenke zurückließ, verließen mein Zuhause.

Und ich war wieder allein.

Kapitel 23

1984

„Ich habe seit drei Wochen nun wieder einen Freund", erklärte Anna fröhlich.

„Herzlichen Glückwunsch. Das freut mich für dich", erwiderte ich und lächelte. „Wie heißt er, und wie alt ist er? Was macht er beruflich?"

„Du bist ja wie meine Eltern!", sprach Anna und begann zu lachen; ich fiel mit ein.

„Er heißt Wolfgang und ist drei Jahre älter als ich. Er arbeitet als Arzt, und wir haben uns auf der Geburtstagsfeier meiner besten Freundin kennen gelernt."

Ich nickte. Ein Gefühl von Freude erfüllte mich, war es schön, Anna so glücklich zu sehen. In diesem Moment erinnerte sie mich ein wenig an eine Verliebte in ihren jungen Jahren.

„Hermann, es gibt da noch etwas, worüber ich mit dir reden möchte", rissen mich ihre ernsten Worte aus den Gedanken.

Ich richtete meine Aufmerksamkeit wieder zurück auf sie.

„Du brauchst dringend mal eine Pause", sprach Anna, mir dabei einen beinahe schon entrüsteten Blick zuwerfend. Ich war irritiert und wie es schien, verriet mich mein Gesichtsausdruck, denn sie fuhr fort: „Ständig passt du neben deiner Arbeit auf Alain auf. Ich weiß ja, dass dir das wichtig ist und du das gerne machst, aber dennoch brauchst auch du mal eine Pause. Immer wenn ich mit dir spreche, wirkst du unterschwellig gestresst …"

„Aber sie brauchen mich. Was sollen sie denn ohne mich machen, Anna? Maria und Rainer haben es auch so schon schwer genug. Wenn ich nun auch noch für einige Zeit einfach in Urlaub fahre, fällt damit eine große Unterstützung weg und …"

„Wenn du so weiter machst, wirst du dich auf Dauer nur selbst kaputt machen“, fuhr sie mir dazwischen.

Mein Mund öffnete sich bereits zur Erwiderung, doch setzte sie sich gekonnt darüber hinweg. „Du bist nicht die einzige Person, die ihnen helfen kann! Da wären Hedwig und Heinrich, Marias Brüder und auch noch die Familie von Rainer. Hermann, du …“

„Und was wäre mit Alain?“

„Was soll mit ihm sein?“

„Ich denke, es würde … ihm nicht guttun, wenn … wenn er mich so lange nicht sehen würde“, erklärte ich vorsichtig.

„Hermann, du bist nicht einmal ein Familienmitglied!“

„Ich bin immer noch Marias Pate!“

„Aber das bedeutet nicht, dass du dich vollkommen aufopfern musst!“

„Du verstehst es nicht!“ Die Worte stürmten lauter aus mir heraus, als beabsichtigt.

„Du hast recht, dass ich nicht alles bis ins kleinste Detail verstehen und nachvollziehen kann – ich bin nicht du! Aber trotzdem sehe ich, wie dich das alles kaputt macht! Die Dinge laufen auch ohne dich, müssen ohne dich laufen, Hermann“, erwiderte Anna, dabei ihre Stimme, von unnatürlicher Schnelligkeit geplagt, zu einer gewissen Getragenheit hinüber gleitend.

Es trat eine Pause zwischen uns, derweil sich unsere Blicke starr auf den des jeweils anderen richteten.

„Ich habe Angst, dass es für die drei nur schlimmer wird, wenn ich nicht da bin“, formte ich schwerfällig die Worte mit meinen Lippen. „Ich habe Angst, dass ich nicht für sie da sein kann, wenn sie meine Hilfe benötigen.“

„Hermann, sie schaffen es auch ohne dich. Und du brauchst dringend eine Pause. Ich habe das Gefühl, dass du, abgesehen von deiner Arbeit, nur noch mit diesem einen Thema beschäftigt bist“, erwiderte Anna und der nun sanfte Klang strahlte eine Ruhe aus, die sich auf mich zu übertragen schien.

In diesem Moment wusste ich, dass sie recht hatte, ich mich überlastet hatte, Ruhe benötigte, um zu meinem altgewohnten, seligen Gang zurückzufinden. Ein kleiner Teil, so schien es mir, hatte es schon seit langem gewusst, doch hatte ihn die Last, der eigene Druck der Perfektion, der Altruismus erstickt, unterjocht und schließlich zu einem willigen Diener gemacht.

„Anna, du hast recht. Aber trotzdem habe ich Angst, dass es schlimmer wird, wenn ich nicht da bin."

„Dazu wird es nicht kommen. Maria und Rainer schaffen das schon. Und es gibt so viele Leute, die ihnen helfen können. Du wirst schon sehen, dass es gut gehen wird."

Ich nickte. „Ich werde mehrere Wochen Urlaub nehmen", sprach ich dann entgegen dem schreienden Widerwillen tief in meinem Inneren.

Anna lächelte. Sie zog sich aus dem Sessel, nahm neben mir Platz, legte den Arm um mich. „Du wirst schon sehen. Alles wird gut gehen."

Mein Kopf nickte erneut. „Danke, Anna."

*

Schrecklich war der Urlaub. Hatte ich mir zwar drei Wochen genehmigt, um, Annas Ratschlag folgend, mir eine ruhsame Zeit in England zu genehmigen, musste ich bereits nach einer Woche enttäuscht und schweren Herzens hinnehmen, dass ich den Fehler einer Fehlentscheidung begangen hatte. Das Land war, wie in meiner Erinnerung, wunderbar, anders, aber dennoch erfüllend, und die Menschen brachten mir mit ihrer eigenen Art das Lächeln auf die Lippen. Es fühlte sich gut an zurückzukehren, den vertrauten, in fremder Stunde zutiefst vermissten Orten einen Besuch abzustatten, mich mit Inez noch einmal einzufinden – wenn auch nur für die Knappheit eines Wochenendes.

Es hätte perfekt sein können, wäre da nicht dies längst vergessene, der Vergangenheit angehörig gedachte Gefühl gewesen, das sich aus tief verborgenen Abgründen nun wieder hervorwagte, mich marterte und nicht mehr loszulassen gedachte. Einsamkeit, für ein Relikt aus meinen jüngeren, unvollkommenen Tagen gehalten, hatte mich, einen Mann erwachsenen Alters, festen, unbarmherzigen Griffes gepackt. Anfangs hatte ich es noch abtun können, hatte es zu den vielerlei mannigfaltigen Kurzweiligkeiten des Lebens gestellt. Aber dennoch: Tage wurden zu quälenden Torturen, zerfielen in Stunden, Minuten, schneckenhafte Sekunden. Schließlich ließ es sich nicht länger verneinen, dass ich mich zutiefst unwohl, ja geradezu unglücklich fühlte, dass ich mich unbeholfen, naiv in ein Problem gestürzt hatte, dass ich um jeden Preis in meine Stadt zurückkehren wollte. Was ich auch tat: es bereitet mir keine Freude, hinterließ ein Gefühl von Leere, und ich vermochte es nicht, mich aus meiner Misere zu ziehen.

Am neunten Tage, völlig desillusioniert, verließ ich die alte Heimat. Es fühlte sich gut an das eigentlich lieb Gewonnene zurückzulassen. Die Entscheidung war schwergefallen, doch schien mir ihr Ausgang unausweichlich, war ich nun zutiefst zufrieden, mit meiner Selbst im Reinen – auch wenn dies alles bedeutete einige Scheine für nicht wahrgenommene Pensionen, Hotels, Züge etc. zu opfern.

Es ging in meine Bonner Wohnung, wo, einmal angekommen, sich mein Gemütszustand innerhalb von kürzestem vehement hob; ich begab mich an meine Arbeiten, traf mich mit meinen Freunden, wenn diese Zeit hatten. Nachdem ich dann schließlich wieder zu meinem alten Selbst gefunden hatte, schloss ich eine schmerzende Entscheidung, die die kommenden Jahre veränderte. Ich würde keine alleinigen Reisen mehr unternehmen.

Kapitel 24

1986

Seit langem einmal hatte ich mich dazu durchringen können, meiner Mutter einen Besuch abzustatten. Ich verweilte das gesamte Wochenende, wusste ich ja wie sehr es ihr Freude bereitete, mich für mehrere Tage um sich zu haben und hierdurch auch ihrer zunehmenden Einsamkeit zu entfliehen. Es war angenehm, jedoch auch zutiefst anstrengend, sie wiederzusehen.

„Otto ist vor drei Wochen gestorben. Und ich glaube auch nicht, dass Liese das jetzige Jahr noch überstehen wird", erklärte sie mir im beiläufigen, nahezu plaudernden Flüsterton während eines Kaffee-Umtrunkes am Freitage kurz nach meiner Ankunft.

„Mein Beileid." Ich hatte die beiden – im entfernten Sinne Nachbarn – seit Jahren nicht mehr gesehen.

„So ist das, wenn man alt ist."

Ich hüllte mich in Schweigen.

„Aber wie geht es dir?"

„Gut, wie immer eigentlich. In letzter Zeit ist nichts Besonderes passiert."

„Es gibt da noch etwas, dass ich dich fragen wollte", begann meine Mutter in nun ernsteren Ton einschwenkend.

Verwundert schaute ich sie an. „Nur zu", antwortete ich, derweil ich mich fragte, welch so wichtige Frage ihr auf dem Herzen liegen mochte.

„Ich wollte dich fragen … wollte fragen … ich weiß nicht so recht, wie ich es formulieren soll …"

„Sag es einfach frei heraus", erwiderte ich besorgt wie neugierig zugleich.

Sie atmete tief durch, straffte ihre Schultern. „Ich wollte dich fragen, ob du … ob du schwul bist."

Eine Welle des Erstaunens sowie der Enttäuschung, so groß,

dass ich nicht zu antworten vermochte, überwarf all meine vorherigen Gedanken. Es folgte Scham, obgleich ihrer tumben, einfältigen Frage. Es tat weh, dass meine eigene Mutter solch eitlen Oberflächlichkeiten anheimgefallen war; dazu noch konnte ich mir ihre Anhaltspunkte nicht erklären.

„Nein, bin ich nicht. Aber wieso …“, brachte ich letztendlich hervor.

„Und es gibt da wirklich kein Mädchen?“, unterbrach mich meine Mutter mit ein wenig aufgeregter, fast schon erleichterter Stimme; eine Art fröhliches Lächeln, welches ich mir einzubilden hoffte, umspielte ihre Mundwinkel.

„Nein, gibt es nicht.“ Erinnerungen an unangenehme Gespräche meiner Jugend wagten sich hervor.

Sie schaute enttäuscht aus.

„Was ist mit Anna?“ Ihre Miene hellte sich schlagartig auf.

„Wir sind lediglich gute Freunde, Mutter. Nicht mehr und nicht weniger. Abgesehen davon hat sie einen Freund.“ Letzter Teil war gelogen, doch musste sie nicht davon wissen, half es mir zu gut, die Unterhaltung an diesem Punkte zu einem raschen, schmerzlosen Ende zu bringen. *Es ist nicht der Rede wert, davon zu sprechen. Ich habe mit ihm Schluss gemacht und bin zufrieden damit. Eigentlich hätte ich von Anfang an sehen müssen, dass diese Beziehung keine Zukunft haben würde*, erinnerte ich mich Annas Worte, als wir vor etwa einem Monat telefoniert hatten.

Ein Schleier aus Traurigkeit legte sich über den Blick meiner Mutter, und ich spürte wie in mir ein Gefühl von Verbitterung gemischt mit Wut emporstieg. Meine schlechte Stimmung zu verbergen suchend, lenkte ich die Unterhaltung in andere Gefilde.

Kapitel 25

1988

Das stetge, schaukelnde Rattern hätte die meisten Menschen in den Schlaf gewippt. Doch abgesehen davon, dass ich Zugfahrten alles andere als angenehm empfand, wanderten meine Gedanken viel zu wild und ungezähmt umher, als dass ich mich auch nur einen Moment dem unruhsamen Schlafe hätte hingeben können. Montag hatte mich Annas Anruf, dass ihr Vater gestorben war, erreicht; heute war Freitag, morgen würde die Beerdigung abgehalten werden. Erinnerungen an meinen Vater schoben sich wieder und wieder in schier endloser Schau in meinem Geiste hervor – wunderschön, wehmütig, stolz schürend, schmerzlich, belustigend, gar peinlich, schwächlich, sich in Vergangenheit verlierend.

So sehr ich es auch versuchte, um mich anderem zuzuwenden: sie ließen sich nicht aus meinem Kopfe kehren, und vielleicht, so dachte ich, genoss ein Teil von mir insgeheim die vielen Bilder.

Auf diese Weise brachte ich den Großteil der Fahrt zu, und schließlich endlich zog der Zug in den Kieler Bahnhof ein. Einmal angehalten erhob ich mich sogleich, verließ hurtig mein Abteil und entstieg der beklemmenden Enge auf den Bahnsteig.

Wie es schien, hatte mich Anna bereits erwartet, denn sie kam mir lächelnd zugeeilt, sowie ich noch die ersten suchenden Blicke umherschweifen ließ.

„Hallo, Hermann. Danke, dass du heraufgekommen bist“, begrüßte sie, schloss mich dabei in ihre Arme.

„Keine Ursache. Du hast damals das Gleiche für mich getan“, sprach ich, nachdem wir uns gelöst hatten.

Einen Lidschlag lang betrachtete ich Anna und fragte mich, wie es ihr, die, seitdem wir uns kannten, kaum ihren Stil verändert hatte, gelang, in ihrer Erscheinung nie den Eindruck des

Altmodischen aufzuzaubern.

„Ich bin dir trotzdem dankbar. Nicht jede Person hätte das getan.“ Anna grinste, und ich wusste, dass ich verloren hatte, aber war es sowieso einerlei.

Langsam schlenderten wir den Bahnsteig entlang, entsponnen eine Unterhaltung; draußen einmal angekommen lud ich meine wenigen Habseligkeiten in Annas alten Audi. Wir stiegen ein, fuhren los, und der Wagen schob sich langsam durch den spätnachmittäglichen Verkehr, der sich schließlich auflöste. Unser Gespräch wand sich mal hier-, mal dorthin. Ich erzählte von meinem Geschäft, wie ich es inzwischen zu nennen pflegte, und fuhr mit Anekdoten über Maria, Rainer sowie Alain fort.

„Alain ist den anderen, gleichaltrigen Kindern wirklich um einiges voraus“, erklärte ich ein wenig stolz.

Anna berichtete mir von ihrer Mutter, die mehr und mehr gebrechlich wurde. Trotz all der Worte, die wir wechselten, und obgleich Anna nicht still, noch verschlossen war, hatte sich in unsere Unterhaltung eine merkwürdige Schweigsamkeit geschlichen. Irgendwie war es mir, als ob wir beide wussten, dass sich das Gespräch insgeheim um eben jenes nicht Ausgesprochene wand. Aber dennoch wagte ich es nicht, den einen Satz zu formulieren.

Rasch, routiniert fuhren wir die mir allzu bekannte Strecke Richtung Annas Wohnung ab. Nach einer knappen Weile erreichten wir unser Ziel und betraten dann die Wohnung.

Staunend – wie jedes Mal aufs Neue – betrachtete ich die großen Bücherregale, die sich an den Wänden des kleinen Wohnzimmers erstreckten. Ich blieb stehen und besah die vielen Titel und Autoren, stellte fest, welche Bücher sich neu eingereiht hatten. Mein Blick hing sich an einem kleinen, viel von gehörtem Werk fest: Wolfgang Borcherts *Draußen vor der Tür*. Noch immer hatte ich es nicht über mich gebracht, dies so schockierend geheißene Nachkriegsdrama zu lesen. Ich ging in die

Knie, zog das Büchlein heraus, wog es in der Hand, betrachtete die Titelabbildung sowie die Worte auf der Rückseite, ohne diese zu lesen.

„Du kannst deinen Koffer in mein Zimmer stellen“, rissen mich Annas Worte aus meinem Gedankenstrom; sie blickte mich wissend an.

Ich erhob mich, schritt ins Schlafzimmer und bugsierte meinen Koffer auf eine der zwei Matratzen.

Als ich zurückkehrte, hatte Anna bereits begonnen zu kochen. Ich gesellte mich zu ihr, und gemeinsam bereiteten wir das Mahl, welches wir anschließend schnell verspeisten.

„Wie geht es dir?“, fragte ich schließlich.

Sie blickte mich an, schien inne zu halten, einmal kurz, tief durchzuatmen.

„Ich weiß nicht, wo ich anfangen soll. Es fühlt sich … alles fühlt sich … so leer an. Ich möchte weinen und schreien zugleich – und dann weiß ich wieder nicht, was ich machen will! In gewisser Weise fühle ich mich antriebslos.“ Aus ihrer Stimme klang eine tiefliegende Verbitterung hervor.

„Hast du mit den anderen darüber gesprochen?“

„Meine Mutter ist vollkommen überfordert und Margarete ist erst seit Mittwochnacht wieder in Laboe. Sie kümmert sich mit Karl um meine Mutter, aber eigentlich bräuchte auch sie eine Pause. Gestern haben wir telefoniert. Es geht ihr schlecht, und Karl tut schon alles, um sie und meine Mutter aufzufangen! Heute ist dann auch Lars dazu gekommen.“ Sie räusperte sich, wie um ihre immer leiser gewordene Stimme wieder zu beschwingen. „Ich würde ihnen so gerne helfen, sie unterstützen, aber … aber es geht nicht! Ich habe ihnen erzählt, dass ich aufgrund meiner Arbeit nicht kommen kann, aber in Wahrheit habe ich mich die gesamte Woche über in jegliche noch so kleine Arbeit gestürzt, um mich abzulenken. Ich hätte nach Laboe gehen könne, aber ich wollte nicht! Ich wollte nicht die ganze Zeit mit Trauernden zusammensitzen. Es hätte mich kaputt gemacht!“ Annas Augen begannen, sich mit großen Tränen zu füllen, als sie mich mit einem Blick, als ob ich sie gerade frisch ertappt hätte, anschaute. Und dann stürzten die Tränen in großen Bächen herab – traurig, hemmungslos und wütend.

Ich schob mich zu ihr rüber und legte meinen Arm um sie.

„Wir alle tun das, was wir tun müssen. Wenn es nicht gut für dich ist, solltest du es auch nicht machen“, sprach ich, fragte mich, weshalb gerade ausgerechnet meine Person mit ihr dieses Gespräch führte.

„Aber ich möchte ihnen helfen, muss sie doch irgendwie unterstützen können!“ Ihre geballte Hand schlug auf den Tisch.

„Anna, du solltest nicht so hart zu dir selbst sein“, erwiderte ich sanft, fuhr mit meiner Hand beruhigend über ihre Schulter.

„Vielleicht hast du recht – aber trotzdem habe ich ein schlechtes Gewissen“, brachte sie gepresst hervor.

„Hast du, abgesehen von deiner Schwester, noch mit jemandem darüber gesprochen?“

„Ich habe versucht, mit meiner Freundin Käthe zu sprechen. Aber ich hatte das Gefühl, dass sie mich nicht richtig verstehen konnte.“

Ich setzte zu einem Einwurf an, doch fuhr sie in einem – gebannt in ihre Welt – fort: „Was mich schlichtweg mitnimmt, ist der Umstand, dass ich seit Jahren noch keinen Umgang mit der Vergangenheit meines Vaters im Dritten Reich gefunden habe … und nun ist er tot! Es fühlt sich wie ein Loch an! Es gibt noch so vieles, das ich ihn eines Tages einmal fragen wollte! Meine Mutter kann mir auch nicht alles erzählen oder erklären, und es gibt bestimmt Geschichten, die nicht einmal sie kennt. Das alles sinkt nun ins Grab mit ihm … es fühlt sich nicht abgeschlossen an, etwas fehlt!“

Mit einem Schauer dachte ich an das Gespräch mit meinen Eltern damals zurück.

Noch immer schmerzte es, aber irgendwie war es mir gelungen zu akzeptieren – ich wusste nicht zu sagen wann –, dass es so war, ich die Vergangenheit, so sehr ich es doch wollte, nicht ändern konnte, damit leben oder daran zerbrechen musste; dennoch: der Schmerz würde wohl nie vergehen, war es schließlich die Bürde unserer Eltern, weitergereicht an meine Generation, wenn nicht an all die, die da noch kommen würden. Unwillkürlich musste ich mich der Geschichte, die mir meine Mutter erzählt hatte, während sie meinen Vater versteckt hatte, erinnern. Erneut stieg brennende Scham in mir empor, dass ich mir damals und Jahre danach diese laienhafte, schwächliche Lüge glauben gemacht hatte.

Ich riss mich aus meinen Gedanken und zwang mich wieder in die Wirklichkeit.

„Wir alle müssen unseren Umgang mit der Vergangenheit finden. Bis heute habe ich noch einige Fragen, die ich meinem Vater gerne gestellt hätte. Aber ich kann es nicht rückgängig machen und irgendwann habe ich das akzeptiert. Und wenn du mit deiner Mutter sprichst, wird dir das definitiv Antworten geben, auch Antworten auf Fragen, die du bisher nicht einmal gedacht hast.“ Meine Stimme klang leiser, als ich es zuvor erwartet hatte.

Anna nickte. Ihr Gesicht war gerötet.

„Mir persönlich hat ein Gespräch mit meiner Mutter damals geholfen“, schob ich nach.

Sie nickte erneut. „Danke, Hermann.“

Ihre Tränen schienen versiegt zu sein. Schweigend saßen wir noch eine Weile da, mein Arm um ihre Schulter gelegt.

„Ich gehe nun schlafen. Morgen wird ein anstrengender Tag werden“, sprach Anna dann irgendwann, derweil sie sich erhob. „Gute Nacht.“

„Gute Nacht, Anna“, erwiderte ich, erhob mich ebenfalls.

Wir schritten ins Schlafzimmer und ein jeder bereitete sich auf die Nachtruhe vor. Schließlich schlüpften wir in unsere Betten.

Anna schien mir schnell eingeschlafen, während ich selbst

noch lange wach lag. In fremden Betten konnte ich stets schlecht einschlafen, doch dies war nicht der einzige Grund für meinen Anflug von Insomnie. Meine Gedanken rotierten zu schnell, als dass ich sie hätte ordnen können, hielten, wie sonst auch in solcherlei Fällen, den Schlaf von mir. Nie zuvor hatte ich erlebt, dass es Anna so schlecht erging.

Insgeheim bangte mir vor dem morgigen Tag: Anna wegen, und nicht, weil ich Beerdigungen verabscheute.

*

Der nächste Morgen brach schneller über uns herein, als es mir lieb war. Früh standen wir auf, frühstückten in unerwartet alltäglicher Stimmung und fuhren schließlich zum Friedhof und zur Kapelle hin.

Rosa – die Augen tränenverquollen – wartete bereits, Margarete, Karl und ein junger Mann neben sich; wäre es nicht schlüssig gewesen, um wen es sich bei ihm handelte, hätte ich es nicht vermocht, ihn, den ich lediglich als kleinen Jungen in Erinnerung hielt, als Lars zu identifizieren.

Die Stimmung war gedrückt, geradezu niederschmetternd. Wir wechselten ein paar dieser schmerzgetragenen Grüße sowie die nötigsten Worte. Unangenehmes, dunkles Schweigen legte sich über uns.

Nach und nach trudelten schließlich die anderen Beerdigungsbesucher ein. Dann endlich kam es zum Beginn des Gottesdienstes und unglücklicherweise hatte mir Anna einen Platz neben sich, sprich in der ersten Reihe, gegeben. Ich musste es über mich ergehen lassen, lieh den Pfarrersworten kaum mein Gehör, hoffte, dass das Ende baldigst eintreten würde. Irgendwann begann Anna zu weinen und ich legte tröstend meinen Arm um sie. Es war eine zutiefst merkwürdige Situation, wie wir dort saßen. Ich fühlte mich hilflos, wusste nicht, was ich tun sollte.

So verstrich die Zeit und nach einer sterbendlangen Weile

wurde der Sarg nach draußen getragen. Wir setzten uns in Bewegung, fanden uns zu einer traurigen Prozession zusammen, die Familie sowie die engsten Freunde am Kopfe. Die Menschen traten an das Grab, gaben eine Handvoll Blumen oder eine Spitze Erde hinein.

Anna und ich waren an der Reihe, und sie ging zuerst. Als sie dort stand, kurz innehielt, begann sie, von Neuem zu weinen; es tat mir leid. Hastig ließ sie ein wenig Erde hinab regnen und trat zur Seite weg.

Nun war es an mir. Ich schritt nach vorne, die Hände ineinander gefaltet, und erwies Joseph meine letzte Ehre. Unwillkürlich fragte ich mich, was für eine Bedeutung, was für einen Sinn es hatte, ein wenig Blüten oder Erde in ein Loch, welches später einmal ein Grab sein würde, fallen zu lassen. Der Gedanke trug mich zu der Frage, was dies alles bedeuten mochte, und rasch ließ ich einige Blüten in den vor mir liegenden Abgrund stürzen, stellte mich an Annas Seite. Sie weinte noch immer, und ich schloss sie in meine Arme.

Es folgten die anderen Beerdigungsbesucher, und wir waren gezwungen, zuzusehen.

Schließlich endete der ganze, große Akt. Ein Großteil der Anwesenden schied von uns, während wir uns mit den zurückgebliebenen in eine Lokalität aufmachten; die Stimmung mutete noch immer deprimierend an.

Einmal angekommen setzten wir uns an eine Tafel. Es wurden belegte Brötchen gereicht sowie diverse Getränke serviert, und allmählich lockerten sich die verhärmten Mienen der Gruppe. Nach und nach ertönten vereinzelte Lacher, die sich mehrten und in ihrer Intensität zunahmen. Die Leute begannen, sich Geschichten über den Toten zu erzählen. Anna lächelte, und es war das erste Mal seit meiner Ankunft, dass sie es mit jeglicher Aufrichtigkeit, gar Natürlichkeit tat. Es war schön, vielleicht sogar bezaubernd, die Anwesenden so – wie sollte ich sagen – gelöst, fröhlich, erleichtert zu sehen. Ihr Lachen klang wie das Klarste, Ungeschminkteste auf der Welt. Es ward mir, als ob man auch eine schwere Bürde von meinem Herzen gehievt hatte.

Die gesamte Trauer schien nahezu vergessen, eingetauscht für ein wenig, wahrlich wohlverdiente Fröhlichkeit, doch fragte ich mich insgeheim, wann sich die schattenartigen Fühler der Tristesse wieder aus verborgenen Schlünden hervorwagen würden. Aber in jenem einen Augenblick schien all dies keine Rolle zu spielen.

Anna und ich verfielen in eine angenehme, ungezwungene Unterhaltung, welche sich wohlgemerkt in keiner Weise um den Anlass drehte. Später dann führte ich noch angeregte, gelöste Gespräche mit ihren restlichen Familienmitgliedern. Mit der Zeit verloren sich die Gäste, und irgendwann schieden auch Anna und ich von den übrigen. In ihrem Auto ging es zurück nach Kiel, in eine Welt, die mir entrückt vom hiesigen Momente schien.

Während der gesamten Fahrt unterhielten wir uns gut, erfüllten mit fröhlichem Lachen den kleinen Raum des alten Wagens. Anna lächelte, nahezu glücklich, gelöst.

„Nochmals Danke, dass du den Weg hierher genommen hast."

„Keine Ursache. Du warst damals auch auf der Beerdigung meines Vaters."

Anna öffnete schon den Mund zu einer Entgegnung, aber ich fuhr schnell fort: „Abgesehen davon: Was wäre ich für ein Freund, wenn ich nicht für meine Freunde da wäre, wenn sie mich brauchen."

Daraufhin schwieg sie, doch das schwache Zucken eines Lächelns, welches ihre Mundwinkel umspielte, kündete davon, dass sie mir insgeheim – möglicherweise auch nur unbewusst – zustimmte.

Kapitel 26

1989

Nach vielen Jahren einmal hatte ich mich wieder zu einer Feier durchringen können. Zwar mochte ich Geburtstagsfestlichkeiten, jedoch nicht die meinigen, gefiel es mir seit jeher nicht allzu sehr im großen Rampenlicht zu stehen. Dennoch: ich hatte mich überwinden können, und alle meine Freunde waren erschienen: Anna, Hedwig und Heinrich, Adolf und Judith, Maria und Rainer, Georg und seine Frau, sogar Inez sowie die übrigen wenigen Personen.

*

Die folgende Zeit brachte ich mit Anna zu, die den Abstecher nach Bonn nutzte, um ein paar Tage nochmal an den Orten ihrer lang zurückliegenden Erinnerungen zu verweilen; für zwei Tage begleitete uns Inez, die dann nach Hamburg und Bremen weiterreiste, um schließlich nach Liverpool zu Mann und Kind heimzukehren.

Ich vermochte nicht zu sagen wieso, doch hatte eine melancholische, nostalgische Stimmung von Anna und mir Besitz ergriffen. Wir besuchten diverse Cafés, aus ihrer Bonner Zeit – so denn sie noch existierten –, spazierten die vielen alten Wege und fuhren einmal sogar nach Köln hin.

„Es ist schön, diese Orte alle einmal wieder zu besuchen", sprach Anna dann und wann fröhlich, und fast jedes Mal musste ich lächeln, erinnerte sie mich in diesen Momenten an ein kleines, aufgeregtes, euphorisches Kind.

Es war eine schöne, wenn auch kurze Zeit, die schneller als erwartet zu Ende ging.

*

Am letzten Abend dann – Dunkelheit war bereits über uns hereingebrochen – schlenderten wir durch den Hofgarten, genossen eine der letzten wenigen Sommernächte.

„Hermann?"

„Ja, Anna?"

„Ich wollte dich etwas fragen."

Es trat eine Pause ein, in der ich gespannt der Fortführung harrte.

„Was wolltest du mich denn fragen, Anna?", sprach ich irgendwann.

„Nunja … es ist … ich weiß nicht, wie ich es sagen soll …" Sie klang verwirrt.

„Sag es einfach", erwiderte ich irritiert.

Stille und lediglich das Tapsen unserer Schuhsohlen sowie die fernen Unterhaltungen weiterer Wanderer begleiteten uns.

„Anna?"

„Es war nichts Wichtiges – etwas Dummes", erwiderte sie und fuhr in einem fort, „das Wetter ist heute wirklich schön. Wenn es nicht so viele Lichter geben würde, könnte man bestimmt einige Sterne sehen."

„Anna, versuch bitte nicht abzulenken. Was wolltest du mich denn fragen?", sagte ich, derweil ich versuchte, meine aufsteigende Ungeduld zu verbergen. „Wir sind Freunde, Anna. Was für eine Frage kann es denn geben, dass sie so dumm ist, dass man sie nicht stellen kann? Ich glaube, so eine Frage existiert nicht."

Ich hörte, wie sie neben mir tief Luft nahm.

„Erinnerst du dich noch daran, was wir damals in London gesagt haben? Was wir tun wollen, wenn wir älter sind?"

Obgleich ich es nie vergessen hatte, schossen die Erinnerungen des damaligen Tages mit der Geschwindigkeit eines Blitzes in meinen Kopf.

„Natürlich weiß ich noch, was wir damals vereinbart haben", erwiderte ich, ohne jedoch zu verstehen, worauf sie nun gerade genau hinaus mochte.

„Hermann, du bist nun fünfundfünfzig. Damit … damit wäre es nun an der Zeit – also, wenn du möchtest und …“

„Aber Anna, du bist noch keine fünfundfünfzig. Wir haben doch gesagt, dass wir zusammenziehen wollen, wenn wir *beide* fünfundfünfzig sind“, unterbrach ich sie.

„Auf diese paar Monate kommt es nun auch nicht mehr an, Hermann“, entgegnete sie, und es kam mir vor, als ob sich ein Hauch von Wut und Verbitterung in ihrer Stimme wiederfand; vielleicht war es auch Enttäuschung.

Ich versuchte, in ihrem Gesicht zu lesen, doch machte die allgemeine Dunkelheit jeglichen Versuch zunichte.

„Ich möchte nicht mehr alleine leben. Ich bin es leid. Außerdem bedeutet es ja nicht, dass wir, nur weil wir zusammenwohnen, nicht mehr einen Partner oder eine Partnerin finden können“, sprach Anna sachlich.

„Da hast du recht.“

„Und ob wir nun oder in ein paar Monaten zusammenziehen, macht jetzt wirklich auch keinen Unterschied mehr“, erklärte Anna.

Wieder einmal wunderte ich mich darüber, wie überzeugend Anna sein konnte, dann willigte ich ein.

„Meine Idee wäre, dass ich zu dir nach Bonn ziehe; deine Wohnung wäre ja auch groß genug. Du hast hier dein *Geschäft* aufgebaut und bist deshalb stark an diese Stadt gebunden. Außerdem denke ich, ist es leichter für mich, hier in Bonn oder in Köln eine neue Arbeit zu finden als für dich in Kiel“, führte sie aus und ihre Stimme nahm eine unterschwellige, fröhliche Melodie auf.

Erneut ließ mich ihr Pragmatismus mit Erstaunen zurück. Vor Jahren hatte ich mich gefragt, wie wir eben jenes Problem lösen würden, wenn der Tag schließlich gekommen war, doch hatte ich keine Lösung gefunden, hatte die Gedanken letztendlich beiseitegeschoben.

„Bist du dir sicher, dass du das tun möchtest? Du müsstest dafür sehr viel in Kiel aufgeben. Und deine ganze Familie lebt in der Nähe von Kiel“, erwiderte ich ehrlich besorgt.

„Es wäre in Ordnung für mich. Es ergibt erstens mehr Sinn und zweitens hängt mein Herz auch nach all den Jahren noch immer an dieser Stadt“, sprach Anna und beschrieb mit ihrer Hand in ausladender Geste einmal einen Kreis. „Aber nur, wenn du auch einverstanden bist.“

„Wenn es für dich kein Problem ist, bin ich einverstanden.“

„Ist es nicht, wie ich schon gesagt habe. Dann werde ich zu dir ziehen.“

„Abgemacht.“

Wir verließen den Park in Richtung des Flusses und schlugen einen längeren Bogen nach unserer Wohnung. In angenehmes Schweigen verfallen, hing ein jeder seinen Gedanken nach, wohlwissend, dass sich unser beider Leben vollends verändern würde; insgeheim bereitete es mir, trotz der Spannung und Freude, Angst. Es war eine leise, dennoch nagende Furcht vor der Veränderung, Furcht davor, dass unsere Freundschaft – inwiefern auch immer – an all dem eines Tages zerbrechen könnte.

Kapitel 27

1989

Annas Umzug geschah dann schneller als erwartet, innerhalb weniger Wochen, um genau zu sein. Zu Beginn besaß sie noch keine Anstellung, dennoch nutzte sie ihre viele freie Zeit dazu – nebst allerhand Bewerbungsaufgaben –, sich dann und wann um Alain zu kümmern, und so schallte an manchem Tage fröhliches Kindergeplärr während meiner Arbeit zu mir her; die beiden kamen zu meiner Freude gut miteinander aus.

Wie zu erwarten, lebte sich Anna schnell ein und schließlich schloss sie sich einer abendlichen Laientheatergruppe an. „Damit ich auch meine eigenen Freunde finde, Hermann. Außerdem ist es gut, eine Beschäftigung zu haben, der man nur selbst, ganz alleine, nachgeht“, erklärte sie, und ich stimmte ihr voll und ganz zu.

Irgendwann fand Anna eine Arbeit, die sie jeden Tag in den Zug nach Köln verschlug. Sie war zufrieden, war allmählich doch, obgleich sie sich zu beschäftigen wusste, eine gewisse langweilende Eintönigkeit in ihr Leben eingezogen. Fortan musste ich mich zumeist wieder alleine mit Alain beschäftigen, der wohlgemerkt immer seltener die Zeit bei uns verbrachte. Ebenso machte sich Annas bisweilige Abwesenheit dadurch bemerkbar, dass ihr wunderschönes Geigespiel lediglich noch abends oder wochenends unsere Wohnung erfüllte.

„Fang doch wieder an zu spielen“, sagte sie, wann immer ich meine Faszination äußerte.

„Das letzte Mal, dass ich eine Geige in der Hand gehalten habe, war Anfang meiner Zwanziger. Jetzt bin ich zu alt, um wieder damit anzufangen“, erwiderte ich stets.

„Du weißt, dass das kein Grund ist“, war die Antwort, die sie mir, versehen mit einem spöttischen Grinsen, nicht müde wurde zu geben.

Meine Mutter war zutiefst erfreut, ja glücklich, dass ich, wie sie es formulierte, endlich eine Freundin gefunden hatte; dass es sich um Anna handelte, ließ ihr Herz nur noch höherschlagen. Obwohl wir ihr wieder und wieder erklärten, dass wir beide nicht als Paar verkehrten, schien sie es nicht zu verstehen, vielleicht auch nicht zu verstehen wollen.

Hedwig missfiel unser Zusammenzug, wie ich wusste und spürte, doch respektierte sie unsere Entscheidung zu sehr, auch im Hinblick darauf, dass ich sichtlich zufrieden war, als dass sie etwas gesagt hätte.

Adolf schien es schlichtweg einerlei zu sein, wohingegen Maria mir ein wissendes Lächeln geschenkt hatte, als ich ihr von all dem erzählt hatte; jegliches Interesse der Nachfrage hatte sich mir erübrigt und ich hatte ihr gekonnt entgegen gelächelt.

Unser Zusammenleben verlief reibungslos, nahezu perfekt, was die Furcht in mir schürte, dass eine Katastrophe nicht unweit unserer Türe auf der Lauer lag; doch geschah nichts dergleichen.

Den Großteil des Tages sahen wir uns nicht einmal, nahmen uns schließlich unsere Arbeiten zumeist voll und ganz in die Pflicht. Die Wochenenden verbrachten wir in der Regel gemeinsam, fuhren in die Bonner Umgebung, spazierten in den Bergen, gingen ins Theater und besuchten mancherlei schöngenannte Stadt in der Republik. Nun erst – und es schien mir, dass es Anna nicht anders erging – wurde mir bewusst, wie einsam ich doch zuvor gewesen war, einsam für eine lange, mir nicht definierbare Zeit, sodass dieses neue, von früher her ach vertraute Gefühl beinahe in der Vergangenheit zerflossen wäre. Ohne dass ich zuvor eine nagende Unzufriedenheit verspürt hatte, musste ich zugeben, dass ich mich ungewohnt zufrieden fühlte.

Eines Abends, wir spazierten nach dem Besuche eines türkischen Lokales durch die Straßen, hatte Anna dann eine Idee, die eine weitere, wenn auch kleine Veränderung in unser beider Leben bringen würde. „Sollen wir uns eine Katze zulegen?“

Ich überlegte, hatte dies zuvor noch nie in Betracht gezogen, obwohl mir diese Tiere stets viel Gefallen bereitet hatten und ich es bedauerte, ohne ein solches aufgewachsen zu sein; vielleicht hatte ich mich irgendwann schlichtweg zu alt für solch ein neues Abenteuer empfunden.

„Das wäre schön", erwiderte ich.

„Das freut mich.“ Anna lachte fröhlich.

Der Gedanke begann, schöne Konturen anzunehmen.

„Dann kommt auch ein wenig mehr Leben in unsere Wohnung“, sprach Anna.

„Mit Alain ist es bisweilen schon lebhaft genug“, entgegnete ich mit einem Grinsen, welches sie mir zurückgab.

„Das stimmt. Aber ...“

„Haben Sie schon die Neuigkeiten gehört?“, erschallte eine lebhafte Stimme in der Dunkelheit.

Wir fuhren zusammen, hatten wir die Frau doch zuvor nicht erblickt.

„Was ist denn passiert?“, fragte ich nach.

„Die Mauer wurde geöffnet!“, erklärte die Frau freudig.

„Wirklich?“

„Ja. Habe ich Ihnen gerade doch gesagt“, antwortete sie und zog auch schon weiter.

Ein wenig irritiert blieben wir zurück, und das Gesagte benötigte einen Augenblick, um gänzlich in unser Bewusstsein zu sickern.

„Das ist wunderbar!“, brach es aus Anna heraus. Ein strahlendes Lächeln hatte sich über ihr Gesicht gelegt. Ich stimmte ihr zu, empfand ich doch genauso.

Die Hoffnung, dass das Kapitel der deutschen Teilung ein Ende nehmen würde, bemächtigte sich unserer Herzen, und gelöst wie aufgeregt schritten wir nachhause. Dort angekommen schalteten wir den Fernseher ein, schauten die Nachrichten und öffneten eine Flasche Sekt, feierten bis spät in die Nacht hinein.

*

Die nächsten Tage brachten wir damit zu, allerhand Tierheimen einen Besuch abzustatten. Schließlich entschieden wir uns, und es kam – wie es sich mit solcherlei so oft verhält – anders als erwartet, sodass wir letztendlich zwei Katzen als weitere Mitbewohnerinnen in unserem Heim aufnahmen. Hatte ich geglaubt, dass wir für diese Aufgabe eine halbe Odyssee hinter uns gebracht hatten, folgte nun jedoch ein leicht anmutender, sich allmählich aber als schwierigerer herausstellende Teil: die Namensgebung. Wieder und wieder diskutierten wir, schoben uns groß angefüllte Zettel zu, strichen, fügten bei, ohne dass ein wirkliches Ende in Sicht gewesen wäre.

Irgendwann letztendlich ergab sich mir eine Eingebung und ich schalt mich selbst dafür, dass mir diese Namen nicht früher schon gekommen waren: Nora, wie Ibsens wahrscheinlich bekannteste Figur, und Simone, wie die französische Intellektuelle, die ich so bewunderte. Mit mir zufrieden unterbreitete ich Anna meine Vorschläge.

Sie lächelte wissend, und so kamen die Katzen zu ihren Namen.

Kapitel 28

1991

„Was tust du da?“

Annas Worte entrissen mich vollkommen meinem Fluss, meinen Gedanken.

Ich hatte nicht bemerkt, dass sie sich genähert, geschweige denn sich nicht unweit von mir niedergelassen hatte, und nun interessiert zu mir herschaute.

„Ich schreibe die Geschichte, wie es … sagen wir: wie es dazu gekommen ist, dass wir zusammengezogen sind, was alles geschehen ist, seitdem wir uns kennen gelernt haben“, erklärte ich und fühlte mich dabei ein wenig unbeholfen. „Ich weiß nicht wieso, aber irgendwie ist es mir ein Bedürfnis, dass alles zu Papier zu bringen; seitdem ich diese Idee hatte, lässt es mich einfach nicht mehr los. Manche Kleinigkeiten habe ich jedoch geändert, weil – ich weiß nicht – es mir so schlichtweg passender erscheint.“ Meine Finger zappelten um den Füllfederhalter herum, während meine Füße im Takte imaginärer Musik wippten.

„Darf ich mal einen Blick darauf werfen?“

„Ehrlich gesagt: nein. Tut mir leid, aber das ist etwas … etwas sehr Persönliches für mich – und es ist ja nicht einmal fertig“, antwortete ich, fühlte mich ein wenig schlecht wie kindisch zugleich. „Wenn ich fertig bin, darfst du es dir einmal ansehen. Aber aktuell weiß ich noch nicht, wo ich enden werde …“

„Sag mir einfach Bescheid, wenn du soweit bist“, erwiderte Anna und lächelte warmherzig.

*

Einige Wochen darauf zog es uns in den gemeinsamen Urlaub nach Italien. Es war wunderbar und wir nutzten die Zeit zu ei nem Abstecher nach Florenz, bestaunten die Veränderungen, welche sich seit unseren letzten Aufenthalten ergeben hatten, und schwelgten in alten Erinnerungen. Doch damit handelte es sich nicht um den einzigen Grund, weshalb ich den Urlaub zutiefst genoss: Es klang so unwirklich, dass Anna mir zuerst keinen Glauben schenken wollte, aber dennoch war dies meine erste Reise seit meinem damaligen Zusammenbruche. Der Grund hierfür war simpel, geradezu banal auf der Hand liegend: Ich hatte schlichtweg niemanden gefunden, der sich mit mir in den Urlaub hatte begeben wollen.

Kapitel 29

1992

Seit langem einmal war es uns gelungen, die Zeit zu einem gemeinsamen Abend zu finden. Adolf, Heinrich und ich saßen in einer Bar, der wir in früheren Zeiten regelmäßigere Besuche abgestattet hatten; Anna und Hedwig, die nie Deutschland verlassen hatte, verbrachten einen gemeinsamen Urlaub in England, und Judith besuchte ihre Eltern.

„Schön, wieder einmal hier zu sein“, sprach Adolf.

„Ich erinnere mich noch daran, wie ihr mir beide damals diese Bar gezeigt habt. Es kommt mir vor, als wäre es erst gestern gewesen“, erklärte Heinrich.

Ich nickte. „Wir waren wirklich schon lange nicht mehr hier. Vor allem nicht wir drei gemeinsam.“ Mein Blick fiel auf Heinrich.

Eine junge Kellnerin nahm unsere Bestellung auf. Wir begannen, wie es so geschieht, darüber zu reden, wie es uns erging, und nach einer Weile dann wandte sich das Gespräch den Kindern, und in Heinrichs Fall auch den Enkelkindern, zu. Aufmerksam hörte ich zu, erfuhr ich schließlich so einiges von den mir bekannten. Das Gespräch, welches sich fast ausschließlich zwischen den beiden abspielte, schien kein Ende nehmen zu wollen, und angespannt suchte ich, das allmählich aufkeimende Desinteresse zu verbergen. Mein Geist driftete ab in meine Gedanken. Ich fragte mich, weshalb ich es selbst nie zum Vater gebracht hatte, wie mein Leben bisher verlaufen hätte sein können. Insgeheim jedoch kannte ich die Antwort der großen Frage, wusste sie seit Jahren schon: Ich hatte nie die eine Entscheidung fällen, mich nie überwinden können, und selbst in diesem Augenblicke war ich ihr so fern wie all die Zeit zuvor.

Ich drängte die Gedankenströme zurück, richtete meine

Konzentration zurück auf die Unterhaltung, die sich noch immer um dasselbe drehte.

Adolf berichtete gerade mit einem Grinsen von seinem zweitältesten Sohn: „Als ich ihn gefragt habe, ob sie heiraten wollen, meinte er nur, dass ihnen das zu altmodisch sei."

„Heute leben wir ja auch in anderen Zeiten. Unsere Gesellschaft ist zum Glück moderner geworden. Wenn ich überlege, wie das bei uns damals war", kommentierte Heinrich und begann zu lachen.

„Oh ja. Meine Jüngste hat immer noch keinen Freund gefunden", erklärte Adolf, wobei ein Hauch von Niedergeschlagenheit in seinen Augen glänzte.

„Wie geht es eigentlich deiner Mutter, Hermann?", fragte Heinrich.

„Sie beklagt sich über dieses und jenes, vor allem aber über ihre Einsamkeit. Ich sage ihr immer, dass sie versuchen soll, rauszukommen, doch antwortet sie mir nur, dass es alleine nicht dasselbe sei. Ehrlich gesagt, habe ich das Gefühl, dass sie sich in das alles ein wenig hineinsteigert, aber wer weiß wie wir einmal sein werden, wenn wir alt sind", erwiderte ich. „Aktuell bin ich einfach nur froh, dass sie ihren Herzinfarkt unbeschadet überstanden hat", fügte ich leise hinzu.

„Das sind wir alle", sprach Adolf und legte mir die Hand auf die Schulter.

*

Etwa zwei Wochen darauf genossen Maria, Alain, Anna und ich einen Sonntagsspaziergang; eigentlich hätte Rainer mit uns sein sollen, doch hatte ihn ein arbeitlicher Notfall für das gesamte Wochenende eingenommen. „Das geschieht, wenn man mit einem Arzt zusammen ist. Wir haben uns mit der Zeit halt daran gewöhnt", war alles, was Maria dazu gesagt hatte, als Anna und ich enttäuscht die schlechte Nachricht vernommen hatten.

Dennoch bahnte sich einer dieser wenigen schönen Spätnovembertage an. Ich selbst schritt mit Alain, dem man die Langeweile anmerkte, und versuchte, ihm seine Lage durch ein wenig Geplauder angenehmer zu gestalten, erzählte ihm vergeblich die ein oder andere Anekdote über die römischen Funde in dem Waldstück, durch jenes uns der Weg führte.

„Egal, wo man hinkommt, hat irgendwer irgendwann einmal eine Scherbe einer römischen Vase oder ein paar Steine gefunden. Ständig reden wir über Römer … oder über unsere eigene, andere Vergangenheit“, beklagte er sich schließlich.

„Es ist nun mal wichtig, die eigene Vergangenheit zu kennen und …“

„Aber es ist so langweilig. Ständig erzählt man mir etwas davon. Und nie erzählt man mir etwas Neues“, unterbrach er mich.

Schweren Herzens ließ ich es darauf beruhen und wir schlenderten in – meiner Meinung nach – unangenehmen Schweigen den Pfad entlang; wir konnten dieses Gespräch auch ein anderes Mal, wenn er älter wäre, fortführen. Wie ich so an Alains Seite wandelnd den Jungen betrachtete, den man bald schon nicht mehr als solchen bezeichnen konnte, fiel mir erneut auf, wie schnell die Zeit der vergangenen Jahre dahin geeilt war.

Im nächsten Momente stürzte Alain zu Boden. Es ging zu schnell, als dass ich hätte reagieren können. Alain hielt sich das Knie und die ersten Tränen strömen über seine Wangen. Ich begann sogleich, ihn zu trösten, doch ertönte im nächsten Moment Marias Stimme hinter mir.

„Steh auf, Alain! Du bist nur auf dem gefrorenen Boden ausgerutscht!“ Sie zeigte auf den Boden und erst nun erkannte ich das Eis, das sich in einer kleinen Pfütze gebildet hatte.

Alain reagierte nicht.

„Ich glaube, er hat sich wirklich weh getan“, sprach Anna, derweil ich erneut versuchte, ihn zu trösten.

„Alain, hör auf zu weinen! Steh endlich auf, verdammt nochmal!“, zerschnitten Marias Worte das Geschehen; ihr Gesicht trug eine Mischung aus unterdrückter Wut und peinlicher Berührung, wie ich es nie zuvor gesehen hatte.

Alain liefen lediglich nur noch mehr Tränen über die Wangen, doch richtete er sich auf und wischte sich wieder und wieder mit dem Ärmelsaum über die Augen. Ich gewann den Eindruck, dass dies alles eine gewisse Routine hatte.

„Du bist zu alt, um dich wie ein kleiner Junge gehen zu lassen! Ein Indianer kennt keinen Schmerz.“

Ein kleiner Teil in mir zerbrach, diesen Satz zu hören. Außerdem war ich irritiert, vielleicht ein wenig empört, dass dieses Wort mit all seinem Ballast heutzutage noch Verwendung fand.

„Meinst du wirklich, dass es gut ist, so mit Alain zu sprechen?“, warf Anna unerwartet ein.

„Das ist immer noch meine ... unsere Sache“, erwiderte Maria mit gehärmter Miene; Alain starrte zu Boden und es schien mir, dass er sich zwang, keinen Laut von sich zu geben.

„Aber es hilft ihm doch nicht weiter. Und abgesehen davon ist es wirklich sehr se …“

„Anna, du hast nicht einmal Kinder!“

Die beiden funkelten sich wütend an.

„Lasst uns zurückgehen", schlug ich vor. „Es ist sowieso sehr kalt.“

Schweigend setzten wir uns in Bewegung und lange Zeit wagte es niemand, die Stille zu durchbrechen.

Irgendwann jedoch begannen die Gespräche von Neuem und die angespannte, vielleicht schon feindliche Atmosphäre schien sich abzubauen, sodass alle wieder fröhlich miteinander sprachen, als ob nie auch nur etwas geschehen wäre. Wir erreichten die Autos, verabschiedeten uns herzlich und ein jeder fuhr seiner Wege.

„Warum hast du nichts gesagt?“, fragte Anna nach einer

Weile schließlich.

„Ich weiß es nicht. Ich dachte, dass es mich nichts angehen würde." Ich schluckte. „Auch wenn ich nicht mit ihr einer Meinung bin.“

Stille, und ich wagte es nicht während des Lenkens einen Blick zu ihr hinüber zu werfen.

„Hermann, wenn nie jemand etwas sagt, wird Alain später, wenn er Söhne haben sollte, genauso mit ihnen umgehen“, erklärte Anna sanft.

„Ich will mich aber nicht in ihre Angelegenheiten einmischen.“

„Es ist trotzdem eine große Ungerechtigkeit. Und Alain leidet sichtlich darunter, dass er keinerlei Schwäche zeigen darf.“

Ich überlegte kurz. „Vielleicht bin ich davor zurückgeschreckt, dies einer Freundin, noch dazu meinem Patenkind, ins Gesicht zu sagen“, sprach ich schließlich, musste mich meiner eigenen Kindheit erinnern.

„Der Ton macht die Musik. Und abgesehen davon: wenn nie jemand etwas gegen Sexismus sagt, wird sich auch nie etwas ändern. Du beschwerst dich doch selbst immer wieder darüber, dass unsere Gesellschaft rückständig sei.“

Ich hüllte mich in Schweigen, musste ich erst einmal über ihre Worte nachgrübeln; Anna, die mich nur allzu gut kannte, ließ mich gewähren.

Kapitel 30

1994

Es geschah auf der abendlichen Rückfahrt vom Zoologischen. Anna steuerte den Wagen, derweil sie mit Alain und mir bereits neuerliche Ausflugspläne durchging. Wir hielten an einer Kreuzung, warteten auf den Umsprung des Lichtes. Anna fuhr an und das Fahrzeug schob sich über die Straße.

Ein Hupen ertönte, dann verflossen die Eindrücke wild ineinander: Lauttönender Aufprall, zerstäubendes Glas, schlingernde, verschwimmende Formen und Farben, Schreie in der Dunkelheit.

Das Nächste und Einzige, das ich wieder wahrnahm, war der Stillstand, verzögert und stumpf.

„Hermann! Hermann!" Annas Rufe hörten sich fern an, derweil sich meine Augen sowie Gedanken auf einen imaginären Ort zu fixieren suchten.

Ein Schmerz durchzuckte meine Wange, und als ich aufsah, erkannte ich Annas zitternde Hand nicht unweit meines Gesichtes; ich benötigte einen Augenblick, um einen sinnigen Zusammenhang herzustellen, um mich mit meinem Geiste wieder in der Gegenwart einzufinden. Sowie der Schock von mir abgefallen war, gelang es mir meine unmittelbare Umgebung zu betrachten.

Anna schien unverletzt, wenn ich davon absah, dass aus einem kleinen Schnitte über der rechten Augenbraue Blut tröpfelte und ihre Augen mit Tränen gefüllt waren.

„Wie geht es dir?", brachte ich schwerzungig hervor.

„Ich glaube ganz gut", antwortete sie, klang dabei ein wenig abwesend. „Aber, Hermann …" Sie deutete nach hinten.

Ich drehte mich um und in dem Moment, in dem meine Augen das Kind erblickten, wusste ich, dass jegliche Hoffnung vergebens war. In sich zusammengesackt, saß Alain da, den

Kopf merkwürdig gedreht, ein Arm und ein Bein von der eingedrückten Verkleidung eingeklemmt.

Tränen stiegen in mir empor. Wir hievten uns aus dem Wagen – mein Körper fühlte sich ungewohnt schwer an – und erkannten nun erst das Ausmaß des Ganzen. Die Seite von Annas Auto war auf groteske Weise nach innen gewölbt, ein Stückchen weiter lag ein weiteres, deutlich größeres Gefährt mit zerstörter Schnauze. Ein paar Schaulustige standen an der Seite, wuselten gleich Ameisen wild umher. Drei von ihnen kamen zu uns, geleiteten uns an die Seite.

„Wie geht es ihnen?"

„Der Krankenwagen kommt gleich."

„Die Polizei auch!"

„Der Junge ist noch im Wagen", murmelte Anna.

„Welcher Junge?"

„Der Junge!", schrie ich ihnen entgegen und begann zu weinen.

„Setzen sie sich. Hier ist eine Decke."

Wir ließen uns nieder, vergruben unsere Gesichter in den Händen.

Eine Handvoll irritierter Menschen machte sich zum Wagen und kehrte niedergeschlagen zurück, flüsterte sich Worte zu, von denen sie glaubten, dass wir sie nicht vernehmen würden.

„Er ist tot."

„Sind sie sich sicher?"

„Ja, ich habe es ja gesehen."

„Ich auch. Es besteht leider kein Zweifel."

„Ja! Traurig, aber wahr."

„Ich weiß nicht, ob wir ihn rausholen dürfen."

„Ich will nichts falsch machen. Am Ende gibt man uns noch die Schuld."

„Schlimm, was da passiert ist. Mir tun die beiden wirklich leid."

„Wann kommt denn endlich der verfluchte Krankenwagen?“

Irgendwann trafen dann die Rettungssanitäter sowie die Polizei ein. Wir beide ließen alles über uns ergehen. Schließlich brachte man uns ins Krankenhaus, wo wir die Nacht verbringen sollten.

*

In den frühen Morgenstunden wurden wir entlassen, ein Taxi brachte uns zu unserer Wohnung. Etwa zwei schweigsame Stunden darauf erschienen Maria und Rainer. In befangener Stille saßen wir im Wohnzimmer nieder und es dauerte lange, bis jemand von uns zu sprechen wagte.

„Es ist nun geschehen und niemand kann es rückgängig machen“, sprach Rainer traurig – ein Flüstern, welches dennoch unfassbar laut dröhnte. „Immerhin ist euch beiden nicht auch etwas passiert …“

Anna begann, leise zu weinen.

Ich wusste nicht, was ich sagen sollte, schien mir alles deplatziert, und wenn ich es recht besah, musste ich zugeben, dass mir nicht nach Reden war: Ich wollte rennen, bis ich nicht mehr konnte, schreien, bis mir die Luft wegbleiben würde, mich voll und ganz in meiner Arbeit verlieren.

Schweigen.

„Wir geben euch keine Schuld“, flüsterte Maria schwächlich.

Ich betrachtete sie. Tiefe Ringe hatten sich unter ihre geröteten Augen eingefurcht. Rainer schien mir auch nicht besser. Seine zittrigen Hände versuchten, krampfartig auf seinen Beinen liegen zu bleiben.

„Wenn ich besser aufgepasst hätte … ich hätte … hätte es sehen können …“, schluchzte Anna auf.

Vorsichtig legte ich einen Arm um sie und sie wiegte sich in meiner schwachen Umarmung.

„Es wäre mir genauso passiert“, sprach ich leise.

„Anna, der andere Wagen ist über rot gefahren, und das auch noch viel zu schnell“, fügte Maria gezwungen sanft hinzu.

Anna begann, noch schlimmer zu weinen. Als mein Blick von ihr weg zu Maria und Rainer wanderte, stellte ich fest, dass ihnen beiden nun ebenso ungehemmt die Tränen das Gesicht hinab rannen. Es tat mir leid, sie alle so zu sehen. Ich wusste nicht, was ich tun konnte, fühlte mich hilflos, unerfahren und nichtsnützig.

Niemand sagte mehr etwas. Jeder saß für sich, alleine mit seinen Tränen der Trauer. Und ich selbst vermochte nicht zu weinen, obgleich ein riesiger, pochender Schmerz in meinem tiefsten Inneren sich selbst materte; Vorwürfe zirkulierten wild in meinem Geist.

Irgendwann – schwer zu sagen, wie viel Zeit verstrichen sein mochte, doch war ich mir sicher, dass es mehr als nur eine Weile gewesen sein musste – erhob ich mich, verschwand wortlos in der Küche. Kurz darauf kehrte ich mit einem Tablett, darauf vier Tassen dampfenden Tees sowie eine Handvoll Kekse drapiert, zurück. Schweigend stellte ich jeweils eine Tasse vor ein jedem nieder.

Nach und nach begannen wir, an dem heißen Getränk zu nippen. Die Tränen waren versiegt, die Trauer noch lange nicht, aber dennoch kroch allmählich eine vorsichtige, nicht freudige, aber immerhin nicht traurige Stimmung hervor und breitete sich aus. Die ersten stockenden Gespräche setzten sich in Gang und hier und da flackerte ein schwaches, verhaltenes, gehärmtes Lächeln auf.

Schließlich schieden wir auseinander. Auf groteske Weise hatte unsere Zusammenkunft etwas Friedvolles – wusste ich es nicht anders zu benennen – hinterlassen.

Maria und Rainer waren uns nicht böse, schoben uns keinerlei Schuld zu, und dies einmal aufrichtig, wenn auch schmerzhaft zu erfahren, gab mir ein gewisses Maß an Frieden. Dennoch täuschte es nicht über unsere tiefe Pein hinweg und ein

Gefühl von Schuld verblieb.

*

Die Beerdigung fand wenige Tage darauf statt. Anna und ich blieben zuhause. Sie fühlte sich zutiefst schlecht, war schwächlich, klagte über Bauchschmerzen, und ich wollte sie in diesem Zustand nicht alleine lassen, fürchtete ich darum, dass sie während meiner Abwesenheit einen Zusammenbruch erleiden könnte. Schlechten Gewissens teilte ich Maria am Telefon unser Fehlen mit.

„Wir können es verstehen, Hermann. Wünsch ihr gute Besserung“, tönte mir ihre schwache Stimme entgegen.

„Danke, Maria.“ Sie meinte es aufrichtig, wie ich wusste.

Das ganze Gespräch dauerte nicht länger als eine Minute.

Ich kümmerte mich um Anna, der es elendig erging, brachte ihr Essen, bereitete ihr einen Tee, derweil sie auf dem Kanapee gestreckt lag, sich über eine nur ihr wahrgenommene Kälte beklagend.

Wie ich sie so sah, wirkte sie wirklich jämmerlich auf mich und ich musste zugeben, dass ich noch nie einen Menschen in einem so schlechten Zustand erblickt hatte.

Gegen Abend wurde es wieder besser und auf ihren Wunsch hin fuhr ich uns zum Friedhofe, und wir statteten dem Grab einen Besuch ab. Sowie Anna es entdeckt, den Namen entziffert hatte, kniete sie nieder und ihre Augen füllten sich mit Tränen. Tröstend legte ich einen Arm um sie. Ich vermochte nicht zu sprechen. Schweigend verweilten wir – für wie lang, wusste ich nachher nicht mehr zu sagen.

Irgendwann verließen wir die Toten.

Zuhause angekommen begann ich, ein Abendessen zu bereiten. Anna verabschiedete sich mit der Aussage, dass sie keinerlei Hunger verspüre, ins Bett; ich ließ sie gewähren.

Alleine aß ich zu Abend, alleine mit meinen düsteren Gedanken und Sorgen.

Hedwig rief an, erkundigte sich nach meinem und Annas Befinden; wir unterhielten uns eine ganze Weile. Es war ein sehr schönes Gespräch, doch endete auch dieses, und ich war erneut allein.

Ich blieb lange wach, schaute fern, da ich nicht schlafen mochte, fürchtete ich mich doch vor dem, was mich umtreiben würde, sobald ich einmal still danieder liegen würde.

Schließlich übermannte mich die Müdigkeit und ich begab mich ins Schlafzimmer, schlüpfte leise in mein Bett. Anna lag in dem ihrigen, ruhig und in gewisser Weise zufrieden wirkend.

Der Schlaf ließ auf sich warten.

Kapitel 31

1994

Die folgende Zeit verlief sehr schwer für uns.

Anna, obwohl sie dies nicht aussprach, gab sich die Schuld am Tod Alains. Hierzu, zu allem Überflusse, materte sie ein schlechtes Gewissen, nicht auf der Beerdigung zugegen gewesen zu sein. Ich versuchte, mit ihr zu reden, sie aufzumuntern; es half reichlich wenig und ich fühlte mich zumeist nutzlos.

An manchen Tagen erging es Anna besser, doch holten sie ihre finsteren Gedanken des bald wieder ein. Immerzu klagte sie über Bauchweh und hier und da befiel sie eine geradezu störrische Appetitlosigkeit. Sie weinte nicht, wirkte bisweilen vollkommen teilnahmslos. Anna so zu sehen, machte mich zutiefst traurig, schlimmer noch war es mir nahezu ein Ding der Unmöglichkeit, meine eigene Trauer zu überwinden. Ihr Zustand bereitete mir ernsthafte Sorgen und ich fürchtete mich zunehmend davor, sie allein zu lassen, auch wenn ich es vielleicht nötig gehabt hätte, das Haus zu verlassen, um meine Gefühle und Sorgen in der Stadt zu verlieren.

Maria, Rainer und Hedwig besuchten uns, sprachen mit Anna, die sich hatte krankschreiben lassen. Manchmal telefonierte sie auch mit Margarete, doch schien sie nicht viel aus diesen stets kurzweiligen Gesprächen ziehen zu können.

Ich selbst suchte nach Ablenkungen, vergrub mich in Arbeit. Auch versuchte ich, an meiner Geschichte, meinem Bericht – noch immer wusste ich nicht recht, wie ich es nennen sollte – weiter zu schreiben, aber die richtigen Worte wollten mir einfach nicht einfallen. Ein paar Mal telefonierte ich mit meiner Mutter, die ernsthaft besorgt war um mich und *meine Freundin*; es gab mir nichts.

Eines Tages dann zum späten Nachmittage überwand ich mich.

„Anna?“

„Ja?“

„Das kann so nicht weitergehen …“

„Was meinst du?“

„Das alles, Anna. Du machst dich kaputt. Ich selbst gehe kaputt.“

Sie schwieg einen Moment.

„Ich weiß“, gab sie mit trauriger Stimme zu. „Es ist nur – ich weiß nicht, wie ich es in Worte fassen soll … Ich fühle mich grauenhaft. Nichts scheint mir Freude zu bereiten und egal, was ich versuche: es hilft nichts. Ich wünschte, es wäre anders, dass es besser werden würde, doch ich weiß einfach nicht mehr, was ich tun soll …“ Ihre traurigen Augen, mit Tränen angefüllt, blickten mich an.

„Vielleicht sollten wir professionelle Hilfe in Anspruch nehmen", schlug ich vor, legte tröstend einen Arm um sie.

Anna wich zur Seite. „Ich brauche kein Mitleid, Hermann! Alle betrachten mich mit ihren traurigen Blicken. Ich bin es leid!“

„Aber so kann es doch auch nicht weitergehen. Möchtest du einfach so … weitermachen?“

„Nein.“

„Also was …“

„Es ist nur … ich fühle mich so schrecklich …“, unterbrach sie mich. „Ich wollte immer Kinder haben. Und nun … und nun … ist das Kind von ihnen tot … wegen mir!“, flüsterte sie schwach, kaum verständlich und begann im nächsten Moment zu schluchzen.

Ich versuchte, sie zu trösten, sagte ihr, dass sie nichts für den Tod Alains konnte, dass ihr niemand die Schuld gab, doch war es vergebens. Die Tränen schüttelten ihren ganzen Körper und sie brachte kaum noch ein richtiges Wort zustande.

Schließlich fasste ich einen Entschluss.

Irgendwie gelang es mir, Anna ins Automobil zu überreden,

und hastig fuhr ich den Wagen zu der mir nächstbekannten Klinik. Man nahm uns freundlich auf und Anna wurde erst einmal auf eine Station gelegt, während man mich nachhause schickte. Es tat mir leid, sie zurückzulassen und ich versprach, am nächsten Tag wieder zu kommen; die Rückfahrt gelang mir ohne Zwischenfälle.

Der Schlaf fand mich erst spät. Obwohl ich wusste, dass es das Beste für Anna – wie auch für mich – war, plagte mich mein Gewissen, und die nagende Frage, ob ich richtig gehandelt, ja vielleicht sogar selbstsüchtig gewesen war, ließ mich nicht mehr los.

*

Etwa zur Mittagszeit fuhr ich nach der Klinik hin. Dort angekommen meldete ich mich am Empfang und erkundigte mich nach Annas Zimmernummer.

„Sind Sie ihr Lebensgefährte?“, fragte mich die Empfangsdame höflich.

Meine Gedanken gerieten kurzerhand ins Stocken. „Wir sind gute Freunde.“

Die Frau schnitt eine Grimasse und ich wusste nicht, was dies zu bedeuten hatte, dachte für einen Moment schon, dass sie mich nicht zu ihr lassen würde, doch dann nannte sie mir auch schon Annas Zimmernummer.

Ein wenig aufgeregt machte ich mich auf den kurzen Weg, vermied es, den Aufzug zu nehmen, und pochte wenige Minuten darauf an besagte Zimmertür. Annas Stimme ertönte von drinnen und ich trat ein. Ihr Gesicht hellte sich auf, als sie mich erblickte. Nach nur einer Nacht und ein paar weiteren Stunden machte ihre Gesamterscheinung zu meinem Erstaunen bereits einen besseren Eindruck als am Vortage; dennoch konnte ich an ihren Augen erkennen, dass sie bereits geweint hatte. Es versetzte mir einen Stich, doch überwog die Freude zu sehen, dass ihr der Aufenthalt gut zu tun schien; es war die richtige Entscheidung gewesen.

„Wie geht es dir?“

„Ein wenig besser als gestern. Dank der Tabletten habe ich gut geschlafen.“ Sie lächelte schwach. „Ich werde wohl noch eine Weile hierbleiben.“

Ich wusste nicht, ob dies eine Frage oder Feststellung war.

„Ich habe dir ein Buch mitgebracht, damit dir nicht so langweilig wird.“ Ich zog eine Ausgabe von Elfriede Jelineks *Was geschah, nachdem Nora ihren Mann verlassen hatte oder Stützen der Gesellschaft* aus meiner Tasche und reichte sie ihr.

Anna schaute mich ein wenig irritiert an.

„Ich denke, es wird dir gefallen. Die Autorin knüpft an der Stelle an, an der Ibsens *Ein Puppenheim* endet, und untersucht, ob es Nora möglich ist, ihre Freiheit zu finden“, erklärte ich.

„Danke, Hermann.“ Sie lächelte erneut.

Nach etwa drei Stunden angeregten Gespräches verließ ich die Klinik wieder. Anna war müde und wollte sich noch ein wenig ruhen, bevor dann ihre zweite Sitzung begann.

*

In den folgenden zwei Wochen stattete ich Anna fast jeden Tag einen Besuch ab, nahm auch an zwei Sitzungen teil. So, wie sich ihr Zustand ständig verbesserte, erging es mir selbst ebenso zunehmend besser. Schließlich begann ich, wieder zu schreiben und stellte fest, wie gut es mir tat, die kürzlichen Ereignisse, Gedanken und Gefühle zu Papier zu bringen.

Es freute mich, dass Annas Genesung gut verlief. Vielleicht, so mutmaßte ich, lag es mitunter auch daran, dass sie vergleichsweise nicht viel Zeit mit sich selbst verbrachte, versorgte ich sie doch stets mit neuen Büchern und erhielt sie neben meinen Besuchen auch welche von Maria und Rainer, Hedwig, Margarete und sogar Lars; Rosa war leider zu gebrechlich, als dass sie die längere Reise Richtung Bonn antreten konnte.

Irgendwann, es musste der fünfzehnte, sechzehnte Tag ihres

Aufenthaltes sein, nahm mich ein Arzt beiseite.

„Ich muss mit Ihnen einmal ein Gespräch führen."

Verwundert ließ ich mich in ein Büro leiten.

„Sie sind die einzige Person, die einem Angehörigen gleichkommt", erklärte der junge Arzt, derweil er sich niederließ und mir einen Stuhl ihm gegenüber anbot; ich setzte mich. „Die Genesung von Frau Wank schreitet sehr gut voran, wie sie wahrscheinlich selbst schon bemerkt haben. Dennoch gibt es schlechte Nachrichten. Wir fanden es äußerst merkwürdig, dass sie weiterhin über Bauchschmerzen klagte und sie wieder und wieder von einer unvorhergesehenen Appetitlosigkeit, manchmal auch Übelkeit heimgesucht wird. Anfangs haben wir es noch für stressbedingt gehalten, doch wurde diese Annahme mit der Zeit nicht mehr haltbar. Aus diesem Grund haben wir gestern eine genauere Untersuchung vorgenommen und sind auf etwas gestoßen. Frau Wank leidet an Bauchspeicheldrüsenkrebs." Der Arzt schaute mich ernst an.

Ich versuchte, das soeben Gehörte zu verarbeiten, und einen Moment später traf mich die traurige Erkenntnis; tief in mir zog es sich unangenehm zusammen.

„Wie schlimm ist es?", gelang es mir gerade so hervor zu bringen.

„Wir wissen es noch nicht genau. Morgen werden wir eine weitere Untersuchung vornehmen, weshalb sie heute noch in eine andere Klinik verlegt werden wird. Wir haben aber nicht viel Hoffnung."

Seine Worte hörten sich stumpf an. „Es tut mir leid", fügte er hinzu.

Schweigend verließ ich das Büro und begab mich auf den Weg zu Anna.

Als ich eintrat und sie erblickte, wurde mir schwer ums Herz.

„Hat der Arzt mit dir gesprochen?", fragte sie.

„Ja." Ich konnte erkennen, dass sie seit langem wieder geweint hatte.

„Warten wir erst einmal auf das morgige Ergebnis“, sprach ich, um überhaupt irgendetwas zu sagen und kam mir dabei plump vor.

Anna nickte. In ihren Augen konnte ich sehen, dass sie nicht an die Hoffnung glaubte.

Wir hielten ein von vielerlei Schweigen überschattetes Gespräch.

Irgendwann musste ich mich dann verabschieden. Es fühlte sich anders, auf gewisse Weise unwirklich an und ich hatte den Eindruck, dass es Anna unangenehm war. Mit viel Vorsicht lenkte ich den Wagen nachhause.

Diese Nacht hielt es mich wieder einmal für lange Zeit wach.

*

Am nächsten Tage beendete ich meine Arbeit früher als gewohnt und machte mich zu der anderen Klinik auf. Es war später Nachmittag, als ich ankam, und es dauerte eine Weile, bis ich in dem großen Komplex Annas Zimmer fand. Bevor ich eintrat, hielt ich kurz inne, nahm tief Luft.

Dann drückten meine zittrigen Finger die Klinke hinab und ich begab mich hinein.

Anna gab ein ungewohntes Bild ab, las sie in der Regel doch ein Buch, wenn ich hereinkam, schaute fern oder unterhielt sich mit ihren Nachbarinnen. Dieses Mal jedoch lag sie lediglich da, die Augen geöffnet und an die Decke geheftet. Eine dunkle Vorahnung befiel mich.

„Hallo, Anna.“

Sie setzte sich auf, begrüßte mich und nun erst konnte ich erkennen, dass vor kurzem Tränen ihr Gesicht benetzt haben mussten. Angst bemächtigte sich meiner.

„Was ist das Ergebnis?“, flüsterte ich.

„Der Krebs hat gestreut. Man kann … kann es nicht mehr

abwenden.“

Obwohl der rationale Teil in mir damit gerechnet hatte, fiel die sorgsam in meinem Geiste aufgebaute Hoffnung in sich zusammen. Ich rang um Worte.

„Die Ärztin meinte, dass ich maximal noch ein Jahr habe“, erklärte Anna steif.

Und nun stiegen mir doch die Tränen in die Augen. Sie schloss mich in ihre Arme.

„Was wirst du nun machen?“, gelang es mir irgendwann herauszubekommen.

„Mich in die Therapie begeben, um es mir so angenehm wie möglich zu machen und das Ende herauszuzögern. Und ansonsten mein Leben genießen.“

Diese Worte ausgesprochen zu hören, ließ etwas tief in mir zerbrechen. Als ich aufsah, erkannte ich durch den Tränenschleier, dass sie gequält lächelte.

„Und bitte kein Wort an die anderen. Ich möchte nicht in Mitleid baden und ständig hören, wie schlimm es doch ist. Wäre es nach mir gegangen, hättest du es gar nicht erfahren, Hermann, aber die Ärzte meinten alle, dass du es wissen solltest.“

Ich nickte – mehr mechanisch, als dass ich es bewusst tat.

„Es ist … es tut mir leid, Hermann“, sprach Anna, und ich wusste nicht, was ich erwidern sollte.

Ich blieb noch sehr lange und ließ mich schließlich von einem Taxi heimfahren, zu hoch war mir das Risiko, durch geistige Abwesenheit mein Leben aufs Spiel zu setzen.

Kapitel 32

1994-1995

Vier Tage darauf wurde Anna entlassen. Von diesem Moment an musste sie wieder und wieder zurückkehren, um die Therapie über sich ergehen zu lassen. Wenn sie oder auch ich gefragt wurde, weshalb sie sich in die Klinik begab – sofern dies überhaupt jemand bemerkte –, erklärten wir stets, dass es sich um eine Folgetherapie ihres damaligen Zusammenbruches handle.

In der Anfangszeit veränderte sich Annas, beziehungsweise unser Alltag kaum. Sie klagte immer wieder über Bauchschmerzen, Übelkeit sowie Appetitlosigkeit, aber lernten wir damit umzugehen, ließ sich bedarfsweise die ein oder andere Tablette nehmen.

Es belastete mich, dass ihr baldiger Tod unausweichlich war, dass ich als einziger Mensch überhaupt von all dem wusste, und dass ich gezwungenermaßen meine Mutter, meine Freunde sowie Annas Familie belog, wann immer sie sich nach Anna erkundigten. Anfangs hatte ich ein paar wenige Male behutsam versucht, sie umzustimmen, es auch den restlichen mitzuteilen, schien es mir – abgesehen von meiner eigenen Pein – für sie deutlich angenehmer, doch war sie bei ihrem Entschluss geblieben.

Sie selbst schien sich auf eine mir friedvolle Weise mit der Situation abgefunden zu haben, zumindest glaubte ich das, bis zu dem Augenblick, an dem ich sie nach der Rückkehr einer Dienstreise tränenüberströmt vorfand. Zusammengesunken, eine Decke um sich gewickelt, kauerte sie im Sessel. Ich legte meine Arme um sie und sie begann, noch heftiger zu schluchzen. Lange Zeit sagte niemand von uns etwas.

„Ich habe Angst, dass alles nur noch schlimmer wird, dass die Schmerzen größer werden“, murmelte sie schließlich.

„Du schaffst das, Anna“, erwiderte ich und versuchte, sie

dabei fest anzuschauen, sie meine eigene Furcht, mein Unbehagen nicht spüren zu lassen.

„Aber es ist doch schon schlechter geworden. Wenn die Bauchschmerzen kommen, strahlen sie auch in den Rücken zurück … und wenn … es tut mir so leid, dass du das alles miterleben musst."

„Das ist nichts, was dir leidtun sollte, Anna! Wirklich nicht!", sprach ich bestimmt. „Und stell dir vor, du müsstest da alleine durch? Es ist auch vollkommen normal, sich zu fürchten, Zweifel zu haben – das ist menschlich. Und wie du schon mehrmals gesagt hast: Es hat keinen Sinn, sich den Kopf zu zerbrechen und … und sich das restliche Leben nur unnötig schwer zu machen", sprudelte es aus mir hervor.

Sie nickte und atmete einmal tief durch. Ich konnte fühlen, wie sie zitterte.

*

Anna versuchte, ihre verbleibende Zeit für sich zu nutzen. Mehrmals besuchte sie ihre Familie und Freunde im Norden, kündigte schließlich, auch schweren Herzens, ihre Anstellung und fuhr mal an diesen, mal an jenen Ort, stets in dem Versuche, ihre jahrzehntelang gewachsene Liste abzuarbeiten; irgendwann flogen wir gemeinsam für eine schöne Woche nach London.

Weihnachten und Silvester standen schneller vor der Tür als erwartet. Hatte ich mich zuvor in der tristen Gewissheit gewogen, dass beide Feierlichkeiten von Annas Krankheit überschattet werden würden, stellte ich zu meiner Erleichterung fest, dass ich mich geirrt hatte. Anna war gelöst, schien jeden noch so kleinen Eindruck in sich aufnehmen zu wollen, und ihre frohe Stimmung steckte mich an, ließ uns beide die vergangenen, fordernden Wochen und Monate kurzweilig mit Vergessen überzeichnen.

Ab März erhöhte sich dann ihre Tablettendosis zunehmend,

genauso wie ihre Klinikbesuche häufiger und länger andauernder wurden; ich war besorgt – ein ständiges Gefühl, an welches ich mich noch immer nicht gewöhnt hatte. Wohlwissend, dass es sich möglicherweise um den letzten Urlaub handeln konnte, flogen wir nach New York und brachten zwei angenehme Wochen zu.

Schließlich kam die Zeit von Annas Geburtstag und sie entschied sich, trotz ihres schlechten Zustandes, eine kleine Feier zu geben, zu der sie ihre Familie wie wenigen Freunde einlud; um etwa zwölf verabschiedete sie die Gäste mit dem Hinweis auf eine ihr ungewohnt starke Müdigkeit.

Ich war froh, dass ich mich aufgrund meiner Arbeit die meiste Zeit zuhause aufhielt, bereitete es mir allmählich mehr und mehr Angst, Anna alleine zu lassen.

Sie begann, an Gewicht zu verlieren, klagte über Schmerzen.

Schließlich geschah das Unvermeidliche und sie wurde trotz ihrer großen Furcht in die Klinik eingewiesen. Nun erfuhren auch die übrigen von Annas Krankheit, ließ es sich nicht mehr länger verheimlichen.

Ihre letzten fünf Tage verbrachte sie im Krankenzimmer, und ich war fast ständig bei ihr, arbeitete nicht, wusste ich leider zu gut, dass das Ende kurz bevorstand. Ihre Freunde und Familie, außer Rosa, die sich nicht mehr auf Reise begeben konnte, besuchten sie allesamt, vergossen viele Tränen; offen machte uns niemand den Vorwurf des Schweigens.

Ich konnte sehen, wie die Umstände Anna marterten. Sie hatte die Kontrolle verloren und war dem Ganzen wehrlos ausgesetzt; beinah schien es mir so, dass sie ihre letzten Tage an sich vorbeiziehen ließ, mit ihrem eigentlichen Leben, mit ihrer Einweisung abgeschlossen hatte.

Am Morgen des dritten Augustes neunzehnhundertfünfundneunzig fand man Anna tot auf; ihr Leichnam trug einen zufriedenen Ausdruck.

Wie es uns gelungen war, ihre Krankheit über so lange Zeit geheim zu halten, vermochte ich nicht zu sagen.

Kapitel 33

1995

Annas Beisetzung fand nahe Laboe statt; ihre Familie wollte ihr Grab nicht unweit haben. Mir tat es leid, wusste ich zu gut, dass Anna ihre Asche in den Bergen verstreut haben wollte, doch war sie nun tot, und ihre Familie wünschte sich eine Ruhestätte, die sie hegen und pflegen, den regelmäßigen Besuch abstatten konnte, und abgesehen davon, war es rein rechtlich betrachtet unmöglich, Annas Wunsch nachzukommen.

Die Fahrt nach Kiel bestritten ich sowie meine Mutter, die es sich trotz ihres Alters nicht hatte nehmen lassen, mitzukommen, im Zuge. Es war eine anstrengende Reise, versuchte meine Mutter, wieder und wieder ein Trauergespräch zu führen, womit sie meine sowieso bereits angespannte Stimmung nicht gerade linderte. Vom Bahnhof wurden wir, mit Hinblick auf ihren Zustand, freundlicherweise von Margarete abgeholt und nach Laboe gefahren.

Die Trauerfeier – ein Wort dessen Sinn sich mir verschloss, noch immer verschließt – begann am nächsten Tage um die Mittagszeit. Eine Unterhaltung mit Rosa, die mich geradezu über Annas letzte Wochen und Monate verhörte, ließ sich nicht vermeiden, und im Grunde genommen tat mir diese alte, eigentlich sehr liebe Frau zutiefst leid; insgeheim ertappte ich mich bei dem Gedanken, dass die nächste Beerdigung nicht lange auf sich warten lassen würde.

Die meiste Zeit hielt ich mich bei meinen Freunden – Hedwig, Adolf, Maria und Rainer – und versuchte, jeglichem Gespräche über Anna auszuweichen, beziehungsweise diese behutsam im Keime zu ersticken. In Gegenwart von Margarete, Karl und Lars sowie dessen Frau und zwei Söhnen, sprach ich von Belanglosem.

Meine Mutter mied ich. Sie erzählte allen davon, wie tragisch es war, dass meine Lebenspartnerin gestorben war. Ich ließ sie gewähren, war sie doch eine alte Frau, und alte Menschen änderten bekanntlich ihre Meinung nicht – auch wenn es mir keinen Sinn zu ergeben schien. Wenn ich es semantisch betrachtete, hatte sie sogar voll und ganz recht, aber interessierte diesen kleinen Unterschied niemanden, wie ich nur zu gut wusste.

Schließlich strömte die Menschenmenge in die Kapelle und voller Schrecken wurde ich gewahr, dass mir Margarete einen Platz auf der Bank der Familienmitglieder – in der ersten Reihe – zugewiesen hatte. Genauso wie ich, trotz Anfrage, davon abgesehen hatte, eine dieser erinnerungsschwangeren Trauerreden zu halten, lehnte ich nun höflich, samt gequälter Erklärung ab und verzog mich nach hinten zu Hedwig und Adolf.

Der restliche Akt verschwamm, genauso wie das gesamte Prozedere außerhalb der Kapelle. Als eine der wenigen, späteren Erinnerungen blieben die starrenden, neugierigen Blicke, die sich wieder und wieder auf mich gelegt hatten, stets der Frage nachhängend, wer dieser Mann, von dem sie schon so viel vernommen hatten, war und weshalb er sich so schweigsam hielt, keine Tränen vergoss; dennoch wurde ich von keinem dieser Fremden angesprochen.

Sowie die Trauerfeier endete und die wichtigen Gäste sich nach einer gemieteten Lokalität aufmachten, blieb ich zurück; Hedwig und Adolf leisteten mir Gesellschaft. Aus einem mir nicht ersichtlichen Impulse heraus hatte mich das Bedürfnis befallen, noch kurz an Annas Grab zu verweilen. Schweigend stand ich dort, meine beiden Freunde in angenehmem Abstand.

Und schließlich, ich wusste nicht weshalb, begann ich zu sprechen: „Sie war … sie war eine der interessantesten Menschen, die ich kennen lernen durfte. Ich bin froh, dass wir uns getroffen haben und Freunde geworden sind … gute Freunde. Nun ist sie … sie von ihrem Leiden erlöst …“ Mir entfielen die Worte, doch war dies einerlei, kam ich mir sowieso dümmlich vor, wie ich dort stand und pathetisch zu einer Handvoll Blumen sprach.

Ich machte kehrt und schritt zu meinen Freunden, die mir, wie einstudiert, lächelnd zunickten und mich in ihre Arme schlossen. Gemeinsam verließen wir den Friedhof in Richtung der anderen Gäste. So merkwürdig es mir auch schien: Ich vermochte nicht zu weinen.

Ein Abschluss

1995

Ich saß auf dem Balkone, die spätherbstlichen Sonnenstrahlen genießend, Nora auf meinem Schoße zusammengerollt, Simone zu meinen Füßen. Dennoch, trotz der schönen Idylle, wollte mich die Entspannung nicht finden, war die durch Trauer gerissene Wunde noch nicht verheilt. Schleppend versuchte ich, das Zurückliegende auf einem Blocke festzuhalten, doch wanderten meine Gedanken zu wild, zu chaotisch umher, zauberten dabei wieder und wieder manch wehmütig schmerzliche Erinnerung hervor. Ich genoss, schätzte geradezu die Anwesenheit der beiden Katzen, schenkten sie mir Nähe, ohne dabei mit mir über das Vergangene sprechen zu wollen. Allgemein hatte ich in der letzten Zeit nur wenig, lediglich das Nötigste gesprochen, nur selten meine Wohnung verlassen.

Es klingelte und damit holte es mich in die Realität zurück. Vorsichtig erhob ich mich, dabei die eine Katze neben die andere niedersetzend, und schritt zu der Haustür, nahm stirnrunzelnd ein Päckchen entgegen.

Der Absender fehlte und die Handschrift war mir keine bekannte. Langsam schnitt ich den Karton auf und förderte eine Karte sowie ein in Geschenkpapier gepacktes Etwas zu Tage. Ich öffnete die Karte und erkannte die Schrift sogleich als Annas. Es zog sich in mir zusammen und ich begann zu lesen.

Lieber Hermann,

ich schreibe Dir, weil ich mir Sorgen um Dich mache und befürchte, dass Du wieder in eine traurige Phase fallen könntest. Wir können uns unser Leben nicht aussuchen und manchmal geschehen schlechte Dinge, für die wir nichts können und die ungerecht sind. Aber dennoch können, nein müssen wir das

Beste daraus machen, wenn wir nicht daran zerbrechen wollen. Ich habe ein wunderschönes Leben gehabt und nichts bereut; wenn ich die Möglichkeit hätte, würde ich es wieder so leben. Aber für Dich geht das Leben weiter. Wenn es Dir schlecht geht, such Dir Menschen, mit denen Du reden kannst; Du hast wirklich wunderbare Freunde. Und genieß Dein Leben, gestalte es so, wie Du möchtest. Vielleicht findest Du eine Frau, mit der Du glücklich sein kannst. Ich hoffe es und glaube daran – Du hast noch so viele Jahre vor Dir.
Da ich weiß, dass Du bald Geburtstag hast, findest Du in diesem Paket auch noch ein kleines Geschenk.

Alles Gute zum Geburtstag, Hermann!
Anna

PS: Was auch immer man denkt: Das Leben geht weiter und manchmal müssen wir die Vergangenheit schlichtweg die Vergangenheit sein lassen.

Ich endete und starrte fassungslos die Karte an, vergewisserte mich mehrmalig, dass mir mein Schmerz und meine Phantasie keinen tückischen Streich beschert hatten.

Doch war dies nicht das Einzige, das mich traf; im Frust und der Trauer der vergangenen Zeit hatte ich vollkommen vergessen, dass am morgigen Tage bereits mein Geburtstag war. Langsam legte ich die Karte zur Seite, besah mir das Geschenk, bevor ich es herausnahm; die Struktur fühlte sich äußerst merkwürdig an. Vorsichtig riss ich das Geschenkpapier auseinander und förderte ein in alte Zeitungen gewickeltes Etwas hervor. Nachdem ich auch diese Papiere entfernt hatte, hielt ich endlich das eigentliche Geschenk in der Hand – ein Buch namens *Der Vorleser*. Zerstreut betrachtete ich den Einband, hatte ich doch schon einiges von jenem kürzlich erschienen Buche gehört, ihm bisher dennoch nicht allzu viel Beachtung zukommen lassen. Den Kopf voller Gedanken wankte ich auf meinen Platz am Balkon zurück, ließ mich in den hinausgestellten Sessel fallen. Wie ich dort saß, den Park in den letzten Sonnenstrahlen betrachtend, konnte ich nicht anders und die Tränen begannen, meine Wangen hinab zu rinnen.

Nach einer Weile, entgegen meiner Tristesse, erhob ich mich, stolperte durch einen Tränenschleier hinein, griff das Telefon. Für einen kurzen Moment hielt ich inne. Dann überwand ich mich und wählte Adolfs Nummer.

Nachwort

Nun ist es schon mehrere Jahre her, dass ich dieses Buch veröffentlich habe, und noch länger liegt es zurück, dass ich es geschrieben habe. Ich weiß noch, wie ich es während meiner Zeit in Costa Rica zweitausendachtzehn verfasst habe. Nach und nach entwickelte sich die Geschichte scheinbar wie von selbst, schälte sich aus dem Ungewissen heraus, bis sie schließlich klar vor meinem geistigen Auge stand und ich wusste, wo die Reise hingehen sollte. Das Schreiben bereitete mir viel Spaß und ich war sehr glücklich, als ich zweitausendzwanzig diese Geschichte als E-Book veröffentlichte.

Es freut mich, nun diese Neuauflage als Print und E-Book herauszubringen. Auch wenn einiges an Arbeit darin investiert wurde, war es schön, noch einmal zu meinem ersten Buch zurückzukehren und in dieses einzutauchen. Ein wenig fühlte ich mich in die damalige Zeit zurückversetzt. Während ich das Buch noch einmal las, wurde mir bewusst, wie sich in den letzten Jahren mein Schreibstil verändert hat. Für diese Neuauflage wurden nur minimale Änderungen vorgenommen.

In Bezug auf die Entstehung dieses Werkes gilt mein großer Dank meinen Eltern sowie meiner Schwester, die mich stets in allem unterstützt haben – so auch bei diesem Buch. Ein besonderer Dank geht an Louisa Barg, durch deren Anmerkungen mir noch so manche Anregung gekommen ist, welche ihren Weg in diese Geschichte gefunden hat.

Daneben sind in den vergangenen Jahren noch mehrere Menschen hinzugekommen, die mich unterstützen. Auch diesen möchte ich an dieser Stelle danken. Ein großer Dank geht an Leonie, die mich bei all meinen Projekten und Vorhaben unterstützt. Ein weiterer großer Dank geht an John Constantine, der mich ebenfalls viel unterstützt, und mit dem ich mich oft austausche. Außerdem danke ich meiner Familie und meinen Freund*innen. Zuletzt richte ich noch einen Dank an die vielen Personen, die meine Projekte verfolgen, lesen, was ich verfasse, und sich meine Auftritte ansehen. Ich freue mich, über jede einzelne Person, der ich durch meine Arbeit eine Freude machen kann.

Pascal E. Harm
Rheinland-Pfalz, den 25. Juni 2023

Weiterführendes

Hat Ihnen das Buch gefallen? Dann schreiben Sie doch eine Bewertung oder folgen Pascal E. Harm im Netz:

LovelyBooks: Pascal Etienne Harm
Instagram: @pascal_e_harm

Über den Autor

Pascal E. Harm wurde 1997 in Rheinland-Pfalz geboren, wo er auch aufwuchs und die Schule besuchte. Nach seinem Abitur lebte er für über ein Jahr in Costa Rica.

Heute lebt, arbeitet und schreibt Pascal E. Harm in Rheinland-Pfalz.

Neben "Im Strom der Zeit" erschien von ihm bereits die Novelle "Irrassu". Seit 2022 gibt er als Autor auf verschiedenen Bühnen Lesungen.

Leseprobe

Irrassu
Das Santorium

Pascal E. Harm

I

Langsam schleppte sich das längst der Vergangenheit angehörende Taxi den Berg hinauf. Es regnete und dicke Tropfen schlugen auf das Dach hernieder – das einzige Geräusch, welches unsere vor etwa zwei Stunden begonnene Stille durchdrang; ich war der einzige Fahrgast. Mir war nicht nach Reden zumute und ich ließ meinen Blick aus dem verwaschenen Fenster zu meiner Rechten schweifen. In der Ferne konnte ich die Silhouette des Dorfes erahnen, das mich für drei Tage beherbergt hatte. Sogleich erinnerte ich mich wieder all jener Geschichten, die man sich dort über mein Reiseziel mal hinter vorgehaltener Hand, mal, wenn sich die Zunge ein wenig gelockert hatte, lautstark ausgeschmückt erzählte. Nun kannte ich sie scheinbar alle: die Legenden, deren Glaubwürdigkeit anzunehmen, jeglichem gesunden Geiste gespottet hätte. Innerlich brachte es mich zum Schmunzeln. Bei dem Ort, an den es mich der Arbeit wegen verschlug, handelte es sich um nichts anderes als ein schnödes Sanatorium für psychisch Erkrankte. Wahrscheinlich hatte nie auch nur eine Person aus dem Dorfe einen Fuß dorthin oder in die Nähe gesetzt, wie ich vermutete, und der äußerst schlechte Zustand der steinigen Straße, in die sich die Räder krallten, schien mir Recht zu geben.

Mein Blick fiel auf eine Zeitung, die von mir bisher unbeachtet auf dem Sitze neben mir lag.

GROSSES UNGLÜCK
TITANIC GESUNKEN
UNZÄHLIGE TOTE

Im Geiste schüttelte ich den Kopf obgleich dieser schrillen Lettern. Vor einer Woche war es geschehen und die Nachricht war in Windeseile sogar bis in die kleinste Provinz getragen worden. Erneut betrachtete ich das Titelbild, auf welchem eine Festung von Schiff prangte. Ein unwohles Gefühl bemächtigte sich mir. Meine Finger drehten die Zeitung herum; auf der Rückseite befand sich Erfreulicheres: Ein Kreuzworträtsel sowie ein amüsantes Horoskop.

In Gedanken wandte ich mich wieder der Frage zu, was mich wohl erwarten würde; ursprünglich hatte ich überhaupt nicht hierherkommen wollen, doch hatte man mich mit Nachdruck schließlich überredet.

Und so zog der Regen an mir vorüber.

Nach einer ganzen Weile schließlich erreichten wir eine Kuppe, passierten ein Wäldchen und das Sanatorium tat sich vor uns im schwächer gewordenen Regen auf. Tief in den Berg gegraben thronte es über dem Tal – majestätisch und bedrohlich zugleich, wie ich zugeben musste. Ein imposanter, hoch aufragender, metallener Zaun mit allerhand vom Alter gezeichneten Verzierungen zog sich in fester, geometrischer Form um das Gelände.

Gequält rollte der Wagen einen Hang hinab auf das Sanatorium zu und kam letztendlich unmittelbar vor dem Tor zum Stehen.

Ich entstieg dem Taxi, spannte meinen Regenschirm auf, der mit dem Wind ging, und zog meinen kleinen Koffer von der Rückbank – es würde bloß für wenige Tage sein. Nachdem ich den Fahrer bezahlt und mich umgewandt hatte, bereit meinen Weg zu beginnen, soff der Motor samt einem ohrenbetäubenden, letzten Aufgestotter ab. Ein wenig entnervt drehte ich mich um und schaute den Mann an, dem es genauso wie mir zu ergehen schien; er versuchte mehrmals vergeblich, das Fahrzeug zu starten. Irgendwann stieg er fluchend aus, begab sich an die Motorhaube, öffnete diese und begann, im Inneren herumzuwerken.

„Versuchen Sie, den Wagen zu starten!“, blaffte er.

Trotz eines gewissen Widerwillens klappte ich den Schirm zusammen, begab mich auf den Fahrersitz und tat wie mir geheißen. Es geschah nichts und wieder nichts. Der Mann, inzwischen weit vornübergebeugt, arbeitete, dabei stets hektischer werdend, lautstark im Motorraum des Wagens.

„Das geschieht häufig hier oben“, ertönte urplötzlich eine Stimme von der Seite her.

Gleichzeitig fuhren wir beide zusammen, wobei sich der Fahrer den Kopf stieß. Unsere Blicke richteten sich auf die vollends in Schwarz gekleidete Frau mittleren Alters, die mit aufgespanntem Schirm neben dem Wagen stand.

„Die Feuchtigkeit ist das Problem. Und bei dieser Wetterlage gibt es mehr als reichlich davon“, erklärte sie mit einer Miene, als ob sie diesen Sachverhalt nicht zum ersten Male erklären würde.

„Ich bekomme die Kiste schon wieder zum Laufen“, erwiderte der Mann missmutig. „Das habe ich bisher schon immer hingekriegt.“

„Wollen Sie nicht hereinkommen und es später noch einmal versuchen?“, fragte die Frau freundlich, ohne jedoch dabei auch nur einen Muskel im Gesicht zu verziehen. „Bei diesem Wetter hat es sowieso keinerlei Zweck.“

„Nein, danke! Ich bekomme das hier schon hin. Und ich brauche keine Hilfe dabei!“, hielt der vor Regenwasser triefende Mann dagegen.

„Wie Sie wollen …“, murmelte die Frau.

„Ich brauche auch Ihre Hilfe nicht!“, rief er mir urplötzlich zu, derweil sich ein dezent panischer Ausdruck seiner Augen zu bemächtigen schien.

Nun erst erblickte die Frau auch mich; ich hatte den Dialog über höflich gewartet.

Sie beugte sich ein wenig hinab. „Wenn Sie möchten, können Sie natürlich … sind Sie nicht Herr Falk?“, richtete sie das Wort an mich.

Ich nickte und trat, nachdem ich mir den Schirm wieder aufgespannt hatte, nach draußen. Wir schüttelten die Hände.

„Wir haben Sie sehnlichst erwartet."

Ich nickte erneut, wusste ich nicht, was ich sonst tun sollte.

Der Mann fluchte laut.

„Begeben wir uns nach drinnen. Das Wetter ist so grässlich", sprach die Frau und ich willigte ein. „Und Sie möchten wirklich nicht ins Warme kommen?", richtete sie erneut das Wort an meinen ehemaligen Fahrer.

„Nein! Ich bekomme die alte Kiste schon noch zum Laufen. Und ich brauche ihre Hilfe nicht – wirklich nicht! Sie werden es schon noch sehen."

Starrsinniger Mann. Im Geiste schüttelte ich den Kopf.

Wir verabschiedeten uns und hielten vor dem großen Tor sofort inne. Ich richtete meinen Blick nach oben. Groß, geschwungen, geradezu aufdringlich prangte der Name des Sanatoriums an einem metallenen, ehemals anmutigen Bogen. *Irrassu*, las ich den Namen und fragte mich, woher er wohl stammen mochte. Die Frau kramte einen schweren Schlüsselbund hervor, fand mit fließender Bewegung das Erforderliche und öffnete das Tor. Nachdem wir unter dem Bogen hindurchgegangen waren, klickte der Schlüssel ein weiteres Mal im Schloss und verschwand anschließend samt den anderen in den Kleidern meiner Führerin.

Wir begannen unseren Weg in Richtung des Sanatoriums, vorbei an verschnittenen Hecken. Es ging über Pflastersteine, die schließlich zu einer Reihe von ausgetretenen Stufen führten, in denen sich das Wasser sammelte. Dann fanden wir uns vor dem Sanatorium wieder: Mehrstöckige, spitzdächrige Hütten, dicht an dicht gereiht, durch schmale Flure verbunden, aus Stein errichtet. Dem Ganzen vorgelagert war ein eindeutig später erbautes, nicht ganz passendes Gebilde. Linker Hand lag ein schief errichteter Schuppen, von dem aus ein breiter Weg zum Zaun verlief. Wo er auftraf, konnte ich ein weiteres, jedoch breiteres Tor ausmachen. Rechts von uns befand sich ein knorriger Kiefernhain; die alten Bäume ächzten und schwankten im seichten Wind.

Durch ein Portal traten wir in das Ungetüm von Gebäude ein und stellten unsere Regenschirme sogleich nieder.

„Ich bin Frau Bräuner“, erklärte die Frau neben mir und reichte mir erneut die Hand; sie fühlte sich kalt und schwielig an. „Gut, dass Sie es endlich einrichten konnten, vorbeizukommen.“ Trotz der netten Worte lächelte sie nicht und ich fragte mich, ob sie dies überhaupt jemals tat. Für einen kurzweiligen Moment wirkten ihre Augen so, als ob sie etwas Mitleidiges ausdrücken wollten.

„Ich werde aber nicht allzu lange bleiben“, erwiderte ich.

„Schade, wir würden gerne länger mit Ihnen arbeiten, wie Sie wissen. Unsere Türen stehen Ihnen jedoch natürlich jederzeit offen – falls Sie Ihre Entscheidung ändern sollten.“ Es zeigte sich ein schwaches Kräuseln ihrer Mundwinkel.

„Danke, aber mein Entschluss steht fest.“

„Dennoch sind Sie sich dessen bewusst, wie wichtig es ist, dass Sie nun da sind.“

Ich verstand nicht, ob sie dies als Feststellung oder Frage meinte. Ihre Augen schienen in die meinigen dringen zu wollen und ich wandte meinen Blick dem Mantel zu, den ich gerade aufknöpfte.

„Dessen bin ich mir bewusst … Man tut, was man kann.“
Auch wenn es bisweilen eines gewissen Zwanges bedarf.

Frau Bräuner musterte mich erneut einen kurzen, unangenehmen Moment lang.

„Der Chef lässt ausrichten, dass er derzeit verhindert ist. Er wurde unverhofft in die nächste Stadt gerufen. Nichtsdestotrotz würde er gerne mit Ihnen persönlich sprechen. Ich soll Ihnen mitteilen, dass Sie sich doch bitte morgen Abend um neunzehn Uhr in seinem Büro einfinden sollen“, erklärte sie dann.

Ich nickte bloß.

„Kommen Sie, ich zeige Ihnen das Sanatorium“, fuhr sie fort und begann ihren Weg, ohne mir auch nur Zeit zu lassen, ihr zu antworten.

Ich folgte ihr raschen Schrittes.

„Wenn Sie Fragen haben sollten, zögern Sie nicht, diese zu stellen“, mahnte Frau Bräuner.

Ich nickte lediglich. In wenigen Tagen würde ich sowieso abreisen, was lohnte es sich da, Fragen zu endloslangen Antworten aufzuwerfen.